教師のための

プレゼンスキル

授業も学級経営も
「伝え方」次第ですべてうまくいく

すごいプレゼン™代表
松永俊彦

明治図書

教師の言葉は、子どもの人生を左右する

皆さんは、自分が学生の頃に先生からかけられた言葉で、記憶に残っている印象的なものはありますか？　少し思い出してみてください。いかがでしょうか。

子どもにとって先生は、とても重要な存在です。良し悪しをはっきりと示してくれる親のような存在であり、未知の知識を授けてくれる尊敬の対象であり、自分の親を除くと最も長い時間を共にする、大人のお手本なのです。

ですから、**先生からかけられた言葉というのは非常に印象的であり、良いものも悪いものも含めて子どもの人生に大きな影響を与えます。**

私自身のことを思い返してみても、学生時代に先生からかけてもらったちょっとした言葉ややり取りを、とても鮮明に思い出すことができます。私は15歳の時、ひとりの先生との出会いによって言葉の魅力を知り、教師を志しました。まずは、次の言葉を皆さんにご

共有したいと思います。**「なぜ勉強しなければならないのですか?」という私の質問に対して、恩師が答えてくれた言葉**です。

「それは、『人生のドラマをつくるため』だと思うよ。人生ってさ、幾度となく目の前に2つの分かれ道が訪れるんだ。片方は楽な道。もう片方は困難な道。そりゃ楽な道へ行きたいよな。でもね、楽な道に行くと楽をする癖がつくんだ。大変なことに出会ったら、すぐに逃げる癖がつく。ほら、ドラマの主人公って、困難が訪れても決して逃げないだろ? もし、逃げて、逃げて、逃げ続けて、ドラマが進んだらどうなると思う? きっと、『何の感動も、ワクワクも、ドキドキもない、とんでもなくつまらない話』になるだろうね。松永の人生って、松永が主人公のドラマだろ。どんなドラマにしたい? 何となく高校行って、何となく大学行って、何となく就職して、何となく結婚して、何となく子ども産んで、何となく生きる。そんな何となく終わる人生のドラマでいい? それとも、いろんなことに挑戦して、たくさん失敗もしたけど、たくさんの感動と出会えた、少しの後悔もない最高の人生だったって思えるドラマにしたい?」

目次

序章　人の心を動かす伝え方とは

第1章 教師のためのプレゼンスキル 対子ども編

第2章 教師のためのプレゼンスキル 対保護者編

Column
職員室での会話でも、プレゼンスキルを使ってみよう

第3章 教師のためのプレゼンスキル プリント・資料づくり編

序章

人の心を動かす伝え方とは

序章　人の心を動かす伝え方とは

1　話し手の想いがなければ、相手の心は動かない

『自分の発する言葉に想いがこもっていなければ、決して相手の心は動かない』

これは、私が教師として教壇に立った1年目、上司から何度もかけられた大変思い出深い言葉です。

あれは、ある夏の授業中のことです。私は、教室に入ってくる生徒の雰囲気がいつもとはどこか違うことに気付きました。どこか表情が暗く、元気のない生徒が多いのです。中学3年生の夏は、夜の通常授業に加えて、昼間は受験に向けた総合的な復習の授業があります。普段の家庭学習時間も増加しているため、少し疲れているのだろうと思い、そのまま授業を始めました。

毎回、授業の初めに英単語のチェックテストを行う時間があります。いつものように10問チェックテストを行ったのですが、3点、4点といった低い点数を取る生徒が続出しました。**事前に生徒と交わした約束は、『毎回10点満点を取ろう』というものでしたが、疲れているときは仕方がないだろうと思い、「間違えた単語はしっかり見直しておけよ」と声をかけて、その日のテストを終了しました。**

授業終了後、事務室で中学三年生の10問英単語テストの点数を見た上司から声をかけられました。

「松永、このテストの点数見たか？」

「はい、見ました。点数が低かったので、見直しておくように伝えました」

「そうか。他には何か伝えたか？」

「いえ、みんな疲れているようでしたので、それ以上は伝えていません」

「そうか。松永は、生徒の人生に本気で向き合ってるか？」

「え…？」

「松永と生徒たちは、前回の授業で『毎回10点満点を取ろう！』って約束をしたんじゃなかったの？その約束を守れなかった生徒を見たのに、そのままにしたの？それで、次回の英単語テストは全員満点取れるの？」

「それは…わかりません…」

「いいか。たかだか10問のチェックテストだけどさ、みんなで満点取るように頑張ろうって約束したんだろ？**小さな約束かもしれないけれど、破ったことをなあなあにする、その関わり方は、誠実じゃない**と思うよ。そりゃみんな、疲れているだろうよ。頑張っていて、偉いよ。けどな、今日のテストが3点でもいいって自分を甘やかしたら、明日のテストだって3点でいいってなるよ。明後日も3点でいいよ。そうだろ？だって疲れているんだから。これが続いたらどうなる？結局、自分が目指した志望校だってランクを下げたらいいってなるよ。**大変なことや、辛いことが目の前に現れたら、逃げればいい。大学だって、将来の夢だって、大変ならあきらめたらいい。逃げるのが当たり前の人生を送ることになるだろうな。**仕方ないよな。それを指摘してくれる教師がいなかったんだから。真剣に、自分に向き合ってくれる、本気で叱ってくれる先生に出会えなかった生徒たちの運が悪かったんだよな。松永が、生徒に対して本気で向き合わなかったことで、みんなの人生がどうなったとしても、関係ないってことだろう。それが、松永が考える、理想の教師なんだろうからね」

私は、何も言い返すことができませんでした。それと同時に、自分の教師としての未熟さを痛いほど感じさせられました。

私は、塾の教師として教壇に立っていましたが、生徒のテストの点を伸ばすことや志望校に合格させること以上に、もっと大切にしていることがありました。それは、**『私が関わる生徒全員が、夢と挑戦にあふれた素敵な人生を歩んでほしい』という想い**でした。私自身が恩師からしていただいたように、授業を通じて人生を学ぶ機会を一緒につくっていきたいと思い、教壇に立ったはずでした。それがいつの間にか、『生徒に嫌われないこと』が目的となり、中途半端な指導を行っている自分になっていたのです。

翌日の授業の冒頭で、私は生徒に正直に謝りました。テストの点を取らせてあげられなかったのは、私に『本気で満点を取らせる』という強い決意がなかったからだ、と。そして、その日初めて、教師として私の本気の想いを乗せたスピーチを行いました。忘れもしない、『自分の人生に、真剣になれ』というテーマのスピーチです。そのスピーチを聞く生徒の視線は、真剣そのものでした。目に涙を浮かべて聞く生徒もいました。そして、その日以降の英単語チェックテストでは、一度たりとも10点満点以外の点を取る生徒はいなくなりました。ただの1人も欠けることなく、です。

これは、スピーチの内容が良かったからではありません。むしろ、私が感極まって、何を言っているのかよくわからない部分もあったはずです。ただひとつ、明らかにいつもとは違っていたこと。それは、私自身の生徒に向き合う本気度でした。『このスピーチで、絶対に、生徒の人生をプラスの方向に変えてみせる』という、強い想いが生徒を動かしたのだと思います。

人は理屈では動きません。感情で動きます。勉強をした方が良いということは、誰でもわかっています。でも、できないのです。**その最初の一歩を後押しするのは、教師が子どもたちのことを真剣に考え抜いた想いであり、その想いを乗せた言葉です。**

たくさんの経験を通じて私が学んできたプレゼンのスキルをこれから皆さんにお伝えしていくことになりますが、**全ての基本は、この『伝え手の想い』**だということは、何度伝えても伝えきれないくらい重要です。何度も心の中で反芻しながら、ここから先を読み進めていただければと思います。

2　聞き手の心を揺さぶる、6つのアクション

プレゼンの価値は、『何を話すか？』という話の内容にフォーカスして語られることが多いですが、**実際には『どうやって伝えるか？』という非言語情報による影響の方が大きい**ことがあります。

先週、私は近所にある2つの異なるイタリアンレストランに行きました。

1軒目のレストランで食事を終えてお会計を済ませると、「ありがとうございました」という声が聞こえてきました。しかし、後ろを振り返ると誰もおらず、こちらを見ている店員さんは誰ひとりいません。きっと、会計を終えたらお礼を言うというルールになっているのでしょう。

2軒目のレストランで食事を終えて席を立つと、厨房の中から全員が私の顔を見て「あ

りがとうございました！」と笑顔で会釈をしながら伝えてくれました。わざわざ仕事の手を止めてまでしてくれた挨拶には感動すら覚え、また来ようと思いました。

どちらも全く同じ「ありがとう」という言語情報でした。しかし、私にとってその2つの言葉の価値は全く異なりました。

どれだけ素晴らしい言葉を伝えたとしても、その伝え方によっては正しい価値を聞き手に届けることができなくなってしまいます。このようなことが皆さんに起こらないように、本書の中で、実際に非言語情報を巧みに操るための具体的なテクニックについてたっぷりお伝えしていきたいと思います。

私が研修やセミナーでお伝えしている代表的な非言語情報は、6つあります。細かいテクニックやポイントについては後ほどお伝えいたしますので、今の時点ではどういった点に注意すればいいのかというイメージだけもっていただければ結構です。

顔見た、声まで

これが、6つの非言語情報の頭文字をとった語呂合わせです。

『顔』というのは、表情。どのような表情で聞き手に対してメッセージを伝えるのかが、とても重要です。

『見』は、視線。話し手の視線によって、聞き手の集中力を高め、自分事として話を聞いてもらうことができるようになります。

『た』は、態度。話し手の立ち方や姿勢が悪いと、そのことばかりが気になってしまい、肝心の話が頭に入ってきません。

『声』はそのままですね。どのような声で伝えるのが効果的なのか?というお話です。

『ま』は、間の取り方。会話の間を制する人は、コミュニケーションを制します。

『て』は、手の動き。効果的なジェスチャーで、聞き手の印象に残る話し方をします。

是非、皆さんも自分自身の6つの非言語情報の使い方を振り返りながら、本書を通じて効果的な情報伝達方法に関するスキルを向上させてください。

3　プレゼンを向上させる3つのパート

私は現在、ビジネスパーソン向けにプレゼンテーションスキル向上のための研修、セミナー、コンサルティング活動を営んでいます。また、教師向けの授業研修やスピーチ指導も行っています。普段指導していて感じるのは、**『授業も広義のプレゼンテーションである』**ということです。

最近書籍でもよく目にする、この『プレゼンテーション（以下、プレゼン）』という言葉。**その語源は『プレゼント』**だと聞いたことがあります。つまり、相手が喜ぶものを渡す行為を指します。何でもいいからとにかく渡せばいい、ということではありません。相手は何に興味があるのか、何に困っているのか、何を渡せば喜んでくれるのか、思考を巡らせ、**『相手が喜ぶものを提供』できて初めてプレゼントが成立します。**全く相手が欲しいと思っていない、木彫りのクマを誕生日プレゼントとして渡してはダメなのです。

そう考えると授業では、ただ決められた範囲の内容を一方的に押し付けてはいけないことがわかります。子どもが興味関心をもった状態で、受け取ることができるように加工して、授業を展開しなければなりません。まずは、プレゼンには３つのパートがあることを理解してください。

３つのパートは、

①オープニング
②ボディ
③クロージング

で、構成されています。これら３つのパートにはそれぞれ役割があります。後ほど詳細について説明を行いますので、ここでは簡単に確認していきます。

①オープニング

このパートは、**聞き手の興味関心を引き出す**ことが目的です。冒頭で行う質問や、動機づけを指します。これを失敗すると、そこから先の話に興味をもって聞いてもらうことができなくなります。

②ボディ

最も伝えたい、メインのコンテンツになります。わかりやすく伝えるために、ポイントを整理したり、論理的に話すことが必要となります。重要なことは繰り返し伝え、記憶に定着させるのも大切な取り組みです。

③クロージング

最後に全体を総括します。**結局何の話だったのかを整理**し、あとから**記憶を呼び戻す際のきっかけをつくっておく**のがクロージングの目的です。

このように、プレゼン全体を3つのパートに分けて、それぞれに意味をもたせながら構成していきます。今の時点では、プレゼンの3つのパートの役割を覚えておいてください。

1

第1章

教師のための
プレゼンスキル

対子ども編

1　子どもを話に引き込むスキル

(1)あなたにしか語れない、ストーリーを語る

それでは早速、子どもたちを話に引き込むための具体的なスキルについて話を進めていきましょう。まず初めは、『ストーリーを語る』というスキルです。

プレゼンの指導をしていると、「話が下手だから、最後まで集中して話を聞いてもらえない」という相談を受けることがあります。自分が一生懸命伝えようとしているのに、そんな気持ちも知らず下を向いていたり、寝ていたりする人を見ると、なんだか自分の話に価値がないような気がして悲しくなるというのです。

気持ちは痛いほどよくわかります。私も、誰ひとり私の授業に興味をもっておらず、仕方なくその場に座ってくれているだけという、辛い時期がありました。しかし、ある時ふとしたきっかけによって、生徒を授業に引き込むことができるようになりました。

それは、自らの学生時代の思い出話をした時のことでした。

私は中学生の時、あまりにも勉強が嫌で、自転車で1時間ほどプチ家出をしたことがありました。そんな私の、学生時代の葛藤と冒険について話をしました。

すると、それまでの授業ではほとんど顔を上げてくれなかった生徒が、**こちらをじっと見つめて頷いてくれているのです。**

自分自身の学生時代を思い返してみても、先生がしてくれた雑談や、興味をもった面白い話の直後の授業内容だけは、今でも鮮明に覚えています。

その経験をしてから、私は毎回、授業の最初にひとつ物語を話してから授業を開始することにしました。そして、物語を語ることには3つの大きなメリットがあることに気づいたのです。

①興味がわく
②共感できる
③忘れにくい

以上の3つです。順番に確認していきましょう。

①興味がわく

誰しも、生まれながらにして物語が大好きです。小説が好きな人、ドラマが好きな人、映画が好きな人、好みは様々ですが、いずれも物語が好きな人です。私も幼い頃、夜寝る前に絵本を読んでもらうのが好きでした。ページを1つめくるたびに、次はどうなるのだろうとワクワクしながら話を聞いていたことを思い出します。

物語は、最後までその結末がわかりません。ですから、ビジネスの基本といわれる『結論ファースト』とは少し異なる伝え方となります。物語で結論を先に伝えてしまったら、ただのネタバレですね（笑）　**敢えて結論を先に伝えないことで、聞き手の興味や関心を引きつけながら話に引き込むことが可能となるスキルです。**

皆さんも、過去経験した面白い話、勉強になった話、びっくりした話、悲しかった話、様々なご経験があると思います。その経験の一つひとつが、全てオリジナルのネタになります。**まずは聞く人をワクワクさせるような物語を1つ、用意してみてください。**

②共感できる

直接言われると反発してしまうような言葉でも、物語を通じて伝えると共感や納得を生みやすくなります。例えば、「あまり油断していると足元をすくわれるよ」と言われるのと、『ウサギとカメ』の物語を伝えることで自ら油断大敵であると気づかせるのとでは、後者の方が印象的であり、ストンと腹落ちさせることができます。

私もシチュエーションに合わせた様々な物語を事前に用意することによって、生徒たちのモチベーション管理に活用していました。

③忘れにくい

物語は一連の流れがあるため、話を忘れにくいという特徴があります。桃太郎の話を忘れてしまった、という方は少ないのではないでしょうか?物語を自分自身が疑似体験しながら記憶することによって、自然と頭に残り忘れにくくなるのです。

是非、**あなたにしか語れない物語を、子どもたちに語りかけてみてください。**

(2)プレゼンは、開始10秒が勝負を決める

子どもを話に引き込むスキルの2つ目は、導入の動機づけです。例えば、今回皆さんはこの本を手に取って読んでいますが、以下の3つのタイミングの中で最もモチベーションが高くなっているのは、いつだと思いますか？これかな、と思うものをひとつ選んでみてください。

①本を読み始めた瞬間（はじめに、序章あたり）
②本を読んでいる途中（今、この瞬間）
③本を読み終えたとき

もしこの答えが、②や③ということであれば、私としては非常に嬉しいです。本書を読

みながら実際にノウハウを行動に移してみたくてワクワクしている皆さんの姿を想像しながら、今も原稿を書いています。本の内容が良かった場合には、②や③が答えになります。

ただ、実は、**一般的に最もモチベーションが高い状態なのは①の、開始直後**なのです。なんでもそうですが、新しいことを始めたときにはやる気があったのに、続けているとやる気がなくなってしまうことってありますよね（私は最近通い始めたスポーツジムが、まさにそれです…）。

そしてこれは、プレゼンでも全く同じことが言えます。**開始直後は「どんな内容なのかな？」と興味がありますが、次第に興味は薄れて、気もそぞろになってしまう**というのが一般的な興味・モチベーションの推移です。

では、一体どうすればよいのか？実は、**プレゼン開始直後のたった10秒で、驚きや興味をもたせることによって、そこから先の話に対する興味を持続させることができます。**

最もモチベーションが高いタイミングで、フックをつくる

例えば、皆さんが今から『学ぶことの大切さ』というテーマで子どもたちに5分間、話

をするとしましょう。この時、どのような話の始め方をしようと思いますか？

実際に、開始から10秒のセリフを考えてみましょう。ご自分の意見を考えてから読み進めていただけると、より納得感をもって読めると思いますので、ご面倒ですが答えを出してみてください。話し始めのセリフです。3分ほど時間を取ってみてください。どうぞ。


いいですか？


では、3つの代表的なオープニングのパターンについて一緒に見ていきたいと思います。

まず、定番の結論を伝えるパターン『結論法』があります。

「それでは今日は、『学ぶことの大切さ』というテーマで話をしていこうと思います」

このオープニングは、話の結論が見えているためビジネスシーンで好んで使われます。

一方で、答えの方向性が見えているため、**受け手を引き込む話し方というよりは、端的に用件を伝えるときに使用するのが好ましい**です。今回のように、話を聞く準備の整っていない聞き手を引き込みたいという場面では、あまりおすすめはしません。

次に、質問を投げかけてプレゼンに巻き込むパターン『質問法』があります。

「皆さんに質問です。皆さんは、何のために学ぶのだと思いますか？　ちょっと近くの席の人と話し合ってみてください。あとから、どんな答えが出たか聞かせてくださいね」

これは主体的な参加を促すことができるため、**双方向のコミュニケーションがとりやすくなります。**汎用性も高く、個人的にはおすすめのオープニングです。

そして、３つめはストーリーを語るパターン『物語法』があります。

「今日は皆さんに、どんな夢でも叶えることができる魔法について、お話しようと思います。聞きたい？　…どうしようかな。はいはい、わかった（笑）特別に教えましょう」

これは、物語にメッセージを組み込むことで、**相手の興味を高めたまま話を進めることができます。**難易度は少し高くなりますが、最も効果的なオープニングです。

これまで結論法が多かった方は是非、他の２つもチャレンジしてみてください。

(3)説得力を増幅させる信用・信頼

子どもを話に引き込むスキルの3つ目は、話し手の在り方です。**全く同じ言葉であったとしても、誰が言うかによって聞き手の受け取り方は大きく変わります。**

例えば、次のセリフを2人の人が口にしたとします。

『この夏は、白のタンクトップが一押しです』

1人は、あの福山雅治さん。もう1人は、私、松永俊彦です。同列で名前を出してしまって大変恐縮ですが、気にせず話を進めます。

私がこれを伝えた場合に何が起こるでしょうか？　まず、私が白のタンクトップを推している背景が、全くわかりません。
・そもそもなぜこの人がファッションを語っているのだろう
・仮にこの人が白のタンクトップを着ていたとして、似合うのだろうか
・何か勘違いしていないだろうか
聞いている人には様々な疑問が噴出します。そしてその結果、『よし、じゃあ白のタンクトップを買いに行こう！』とは絶対にならないでしょう。
一方で、福山雅治さんが同じことを伝えた場合どうなるか？　恐らく、近所のユ○クロから、白のタンクトップが姿を消すでしょう。そして、筋トレで腕を鍛えた白のタンクトップ男子が夏の渋谷に大量発生するでしょう（言いすぎました）。

ここで考えたいのは、私と福山さんでは何が違ったのか、ということです。そもそも生物学的に全く違うということは別として、言葉の重みが変わる理由に着目していただきたいのです。これには、**それぞれの背景が大きく影響しています。**芸能人の、お洒落な方が言うのと、一般人でファッションとは縁がない人が言うのとでは、言葉の重みや説得力が変わります。

お医者さんから言われると説得力がある、社長から言われると説得力がある、Aさんに言われると説得力がある、これらは全て、言っている言葉そのものがすごいのではありません。**言っている人が誰なのか？どのような背景があるのか？　ということによって、その説得力や影響範囲が大きく変わってくる**のです。

では、次の言葉を子どもに伝える場面を想像してみてください。

毎日、宿題とは別で家庭学習の時間を最低3時間つくりなさい

子どもにとっては、なかなかタフな依頼です。普通に伝えても、これは実現されないでしょう。しかし、子どもたちにとってこの時間が必ず必要なものだと考えるのであれば、なんとしても行動してもらう必要があります。では、どんな自分であれば説得力を高めることができるのでしょう？

私が教師時代、生徒からこんな相談を受けました。**「先生、親は勉強しろと毎日口うるさく言うのですが、言っている親がソファでテレビを見ているので、やる気が起こりませ**

ん」。 反論の余地なし。おっしゃる通りですよね。これでは、（なぜ自分だけがやらなければならないのだろう?）、という疑問が湧くのも頷けます。全く説得力がありません。

この相談を受け、私は唐突に『宅地建物取引士』の資格を取得することを決めました。不動産会社に興味をもっていたわけでも、転職しようと思っていたわけでもありませんでした。生徒の中には、勉強する意味がわからない、やりたくないけれど言われるから仕方なくやっているという子もいます。それであれば、まず**教師である私自身が勉強に向かう姿、努力する姿勢を見せようと考えた**のです。

「俺の方が君たちよりも、よっぽど合格する確率は低いからな（笑）けど、あきらめないで頑張ることにしたから、君たちも一緒に頑張ろう!」

結局、不動産業界知識ゼロ、本屋でテキストを購入し手探りの自己学習をコツコツと続けたため、3年もかかってしまいました。早い人は半年で取れるそうです。それでも生徒たちは、「また落ちたの?次は受かるように頑張ってくださいよ!」と応援してくれました。そして、**彼ら彼女らも前日の家庭学習に関する報告を欠かさないようになりました。**

子どもは純粋です。だからこそ、嘘はすぐに見抜きます。そして、本気の大人を信頼します。**指導とは、指示することではありません。背中を見せることだと思うのです。**

(4)子どもの興味を引き付けて離さない、たとえ話

子どもを話に引き込むスキルの4つ目は、たとえ話を活用することです。子どもは好奇心が旺盛で、大人がうまく説明できないようなことにも疑問を感じます。その場で正確に答えて完全に理解してもらうことができれば一番いいのですが、なかなかそれが難しいケースもあります。例えば、「先生、相対性理論って、どんな理論ですか?」と小学3年生に聞かれたら、どう答えますか?

「いいかい、相対性理論には、特殊相対性理論と一般相対性理論があってね。まず特殊相対性理論から話すと…」

と話し始めた瞬間、子どもは完全に興味を失います。

ではどう伝えるのが良いのか？　例えばこんな伝え方はどうでしょう。


「1時間って時間は、ここにいるみんなにとって同じ長さだと思う？違うと思う？」

「はい！　時計が同じように進むから、同じだと思います！」

「ありがとう！　そうだよね、同じはずだよね。じゃあさ、ちょっと質問なんだけど、みんながゲームをやっている1時間って、なんか短く感じない？」

「わかります！　なんか10分くらいに感じます！」

「わかるよ（笑）　そうだね、なんか早く感じるよね。じゃあ、先生の授業はどう？」

「長い－－－－－！」

「おいおい（笑）泣くぞ（笑）　でも、ゲームに比べたらたしかに長く感じるかもしれないよね。それと同じなんだ。つまり、時間の流れ方は絶対に同じではなく人によって変わる、という考え方が相対性理論だよ」


もちろん、間違ったことを教えることがいいというつもりはありません。しかし、今回のような状況において大切なのは**『100％正しい事実を伝えること』ではなく、『子ど**

もがもった興味に対して、本人が理解できるレベルにたとえてわかりやすく伝えること』だと私は思っています。これにより、子どもがさらに多くのことに興味をもち、学ぶことが楽しいと気付けたとすれば、それこそが最高の教育であると言えるのではないでしょうか。

それでもなお、正確な知識を求めるような好奇心旺盛な子どもであれば、個別で話してあげるのがいいでしょう。他の興味のない子どもたちに対する気遣いも必要です。

このように、**わかりやすくたとえることによって、子どもの興味を引きつけて話に引き込むことが可能となります。**『たとえる力』というのは、たとえ方の引き出しを増やすことによって高めることができます。子どもたちが疑問に感じるであろう事柄については、どうたとえればわかりやすいかについて毎回の授業前に準備することができます。

私もこれまで、様々な質問を受ける中で、どう答えるのが良いのか頭を悩ませる質問にたくさん出会ってきました。

・なぜ勉強しなければならないのか？
・なぜ全部わかっているのに、宿題をやらなければならないのか？

・何のために生きているのか?
・なぜ受験があるのか?
・なぜ働かなければならないのか?

皆さんも、こういった質問を投げられたことがあるでしょう。質問に対して事実や正論を淡々と答えることもできます。または、「自分でその答えを見つけるんだ」と本人に任せることもできます。どうするのが一番いいのかについては、完璧な答えなどないのかもしれません。それでも、人生の中でせっかく出会えた子どもに対して、可能な限り真剣に向き合っていこうと考えた結果、『わかりやすくたとえる』という手段に辿り着きました。

子どもが自ら興味をもち、学びたいというきっかけを促すことさえできれば、私がどう教えたとしても結局自ら学び、自ら育ちます。

たとえ話の最大のポイントは、**相手の認知の範囲内でたとえること**です。たとえたら、余計にわかりにくくなった…という、嘘のような本当の話が存在します。バスケットボールを知らない人に『ダブルクラッチのようだ』と言っても、サッカーを知らない人に『オフサイドトラップのようだ』と言っても、全く意味がありません。これだけはしっかりと頭に刻み、相手の目線に合わせた表現でたとえるテクニックを活用してみてください。

(5)教室の天気を、教師が決める

子どもを話に引き込むスキルの5つ目は、教室の天気の変え方です。『教室の天気』というのはたとえですが、これは教室の子どもたちの感情を指します。教室の天気を自由自在に操ることができれば、授業のやりやすさは格段に高まります。そして、話を聞かせたい瞬間にはグッと引きつけることが可能になります。逆にこれができなければ、話に引き込む以前の問題で、子どもたちは教師の言うことを聞かなくなります。

教室の天気は、子どもたちの感情の数だけあります。楽しく笑いの絶えない晴天の日もあれば、うつむき気持ちが落ち込んでいる曇りの日もあります。

しかし、**プロの教師である以上、教室の天気を自然に任せてはいけません。**どしゃぶりの雨の状態でも、晴れにする。これが教室の中で唯一可能なのが、教師なのです。なぜなら、授業中の教室のリーダーは教師だからです。

当然、教師も人間ですから、気分が落ち込むこともあります。しかし、絶対に教室ではその姿を見せてはいけません。教師は、教室の中で、誰よりもイキイキと元気に言葉を発して、誰よりも一生懸命な姿を見せるリーダーでいなければなりません。プロとして、教室の太陽となり常に生徒を照らす必要があります。

もしも、教師が教室の天気をコントロールできない場合、何が起こるでしょうか?**最悪の場合には、子どもが全く教師の言うことを聞かない、学級崩壊が起こります。**一度こうなってしまうと、立て直すためには相当大きな労力がかかります。ですから、教師が教室の主導権をしっかりともてるようにしてください。

では、実際に何をすればいいのか。それは、こちらです。

ノームをつくり、徹底して守り抜くこと

これが最も重要な取り組みです。ノームとは、規律、規範といった意味の言葉です。

例えば、教師が子どもに対して、「全員、顔を上げてください」と伝えたとします。この時、1人の子が顔を上げていなかったとします。そして、この子を注意することなく、そのまま話を始めたとしましょう。その瞬間、**この教室には『先生の言うことは聞かなくてもいい』というノームがつくられてしまいます。**こうなると、「宿題をやってきなさい」と言っても、「静かにしてください」と言っても、全く言うことは聞きません。なぜなら、この教室では『先生の言うことは聞かなくてもいい』のですから。

これを防ぐために、皆さんは2つのことを徹底してください。

①約束は、絶対に守り抜く
②守れない約束は、最初からしない

この2つです。

「全員、顔を上げてください」と伝えたのであれば、全員が顔を上げるまで次の言葉を発してはいけません。次の行動に、絶対に移ってはならないのです。顔を上げていない子どもの横まで歩み寄り、注意をして、正してから次の行動に移ります。

では、どうしても言うことを聞いてくれない子がいた場合、どう対応すればいいのでしょうか？この場合は、ノームに則って正しく叱る必要があります。私の場合は、最初の授業で必ずこう伝えていました。「いいか、先生は叱るのが嫌だから、みんながルールを守れない時には注意するぞ。**1回目は、普通に注意する。2回目は、少し強めに注意するから、周りの子が気づいたら先に教えてあげてな。3回目は、本気で叱る。**最初に言っておくが、怖いからね（笑）2回目で気付いてくれるよね？」こう伝えます。そして、こう伝えた以上、3回目に叱る際には厳しい態度で接しなければなりません。

「怒る」と「叱る」の違いについては後ほどお伝えしますが、叱るためには事前の練習が必要です。一瞬で子どもに本気の大人の姿を見せなければなりません。こうしてこの教室には、「約束は絶対に守る」というノームがつくられます。

もし自分自身が約束を守れない可能性がある場合は、約束をしないようにしましょう。**破るくらいであれば、最初からしない方がまだマシです。**ノームを徹底的に守り抜き、教師として信頼、尊敬、そしてほんの少しの恐怖をもたれるくらいがちょうど良いです。

2　子どもの集中を切らないためのスキル

(1) 集中力の限界を理解する

子どもの集中を切らないためのスキル1つ目は、集中力の限界を理解することです。本書を読み始めてから、このページに至るまで、あなたは全て集中して読み切ることができましたか？

少し確認も含めて振り返ってみましょう。

【問題】第1章で登場した、子どもを話に引き込むためのスキルを5つ、答えてください。

いかがでしょう？　もし5つ思い出せた方がいれば、素晴らしいです。

これは、このページに至るまでのお話で、最も記憶に新しい第1章からの質問でした。集中しているつもりであっても、なかなか記憶に定着させることは容易ではありません。

また、集中していなければなおのこと記憶に残るはずもありません。

ここで皆さんに知っておいていただきたいことが2つあります。

①集中力は15分程度しか続かない

②記憶が定着するまでには反復が必要

という2つです。

集中力は15分程度が限界

非常に強い興味のある話でない限り、通常、集中力の限界は15分程度と言われています。

私の経験から考えても、10～15分というのはとても妥当な数字だと思います。

にもかかわらず、小学生であれば45分、中学生であれば50分もの授業の間、全て集中しろというのは無理があります。『全集中は、無理がある』という事実を受け止め、伝え手がどう工夫するか、という視点をもたない限り、集中力を保つのは不可能です。大切なので、もう一度言います。

集中力は、15分程度で切れます。

このことを前提に授業を組み立て、話をします。**最初から集中力は切れるとわかっていれば、『体を動かして記憶させよう』、『チェックテストを細かく入れて、ほめる機会をつくろう』、『授業全体を3つに分けて組み立てよう』といった策が生まれます。**

子どもが授業中に集中していないのが悪である、という捉え方をしていたら、待てど暮らせど正しい解決策は出てきません。**教師が、集中力を維持できる授業を組み立てることで、集中して学ぶ子どもたちの姿勢をつくり出してください。**

記憶が定着するまでには反復が必要

次のグラフをご覧ください。

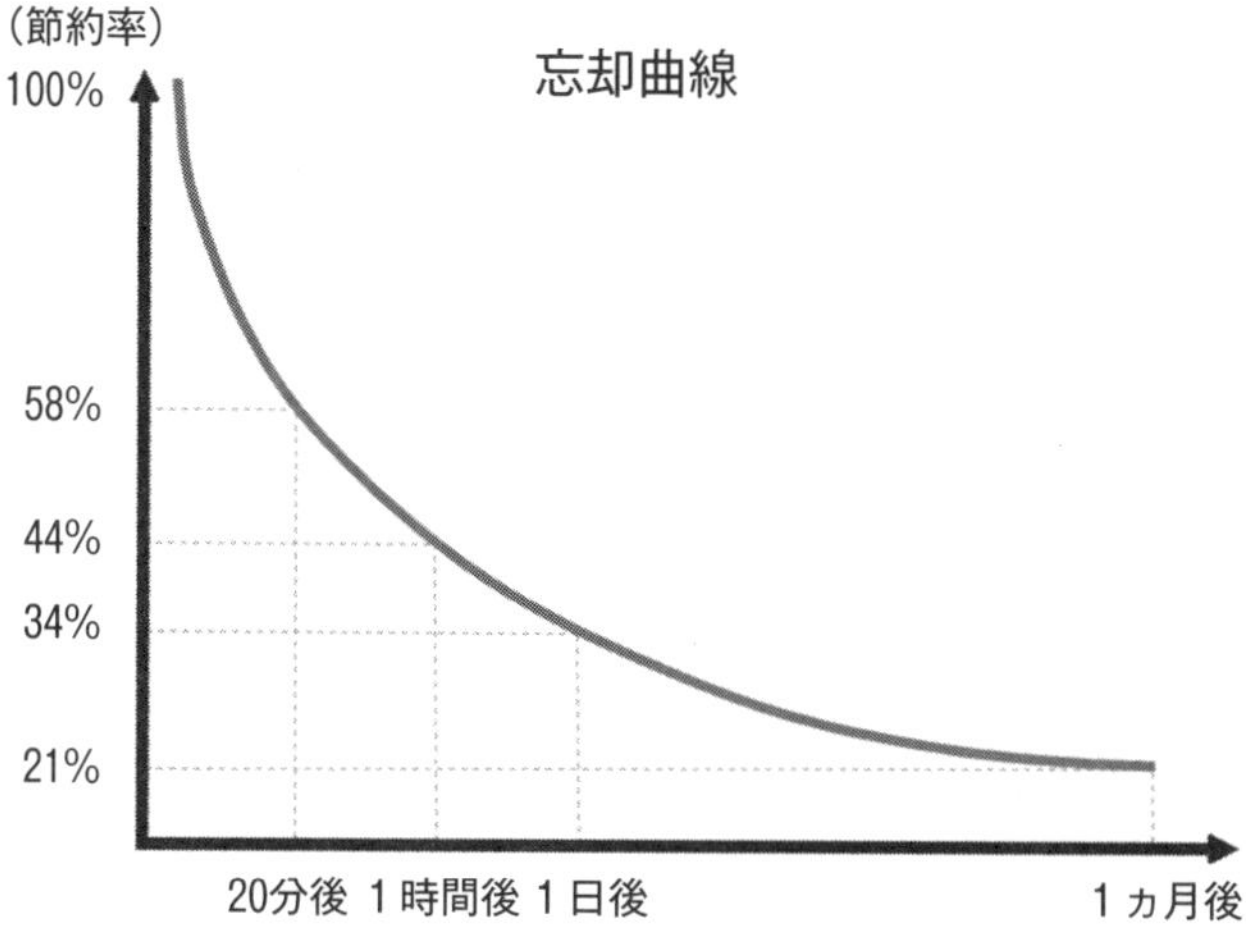

これは有名な、ドイツの心理学者ヘルマン・エビングハウスが発表した『忘却曲線』です。厳密にいうと記憶の節約率をグラフで表したものですが、説明がややこしいのでここでは簡単に『**時が経つと覚え直すのに苦労する**』と捉えて頂いて結構です。再度学習するまでの時間が短いほど、記憶が定着しやすいというわけですから、反復学習の重要性は明らかです。

反復学習を行うと忘れにくくなる（節約率が大きくなる）ため、授業で押さえておきたい重要ポイントについては繰り返し子どもたちに伝え、前回の授業の確認テストを行うなどのサポートが必要となります。これによって、集中力が切れていた瞬間の授業内容についてもリカバリーできます。

(2)『間』を操り、聞き手の理解度を高める

子どもの集中を切らないためのスキル２つ目は、効果的な間の活用です。

もしも、話し手が一定のスピードで、30分間一方的に話し続けたら、聞き手はどうなるでしょう?

私が聞き手であれば、すぐに眠くなります。ぼーっと聞いているだけであれば可能ですが、話している内容を理解しながら、かつ記憶しながら聞くというのは至難の業です。

人は自分が話していることに没頭すると、**『相手にとって理解しやすい伝え方』という視点を見失ってしまいます。そして、『自分が話しやすい伝え方』になってしまうのです。**

私は研修の中で、自分自身のプレゼンや授業の動画を撮影し、皆さんにご覧いただくというワークを行っています。すると、『自分がこんな風に話しているとは思っていなかっ

た』という感想を多くいただきます。**実際に自分が思っている以上に、話し方が単調だったり、スピードが速すぎたり、声が小さかったりするのです。**

それでは実際に、どのようにすれば伝わる話し方ができるのでしょうか。その答えは、『間（ま）』にあります。次の、2種類の間を活用してください。

①質問の間
②強調の間

順番に説明していきます。

①質問の間

次の2つのセリフを見比べてみてください。

A：「皆さん、今日は何時に起きましたか?私は、6時には目が覚めてしまいました」

B：「皆さん、今日は何時に起きましたか？……え、何？5時？早いですね！6時、ありがとうございます。7時、なるほど、割とギリギリの戦いですね（笑）私ですが、今日は6時に目が覚めました」

いかがでしょうか。違いに気づきましたか？

Aの伝え方は、質問の後に聞き手に回答を考える時間を与えていません。質問の後に、間がないのです。双方向のやり取りが下手な方のプレゼンを見ていると、Aのように一方的に話が進んでいます。自分が質問したにもかかわらず、相手に考えさせないというおかしなやり取りです。このような話し方をすると、**聞き手はすぐに置いてけぼりとなり、やがて集中して聞いている聞き手はひとりもいなくなります。**

人は誰でも、質問されたらその答えを考えようとします。人によっては10秒待っても答えが定まらない人もいますし、1秒で回答可能な人もいますが、質問をしたのであればしっかりと間を取って、全員に考える時間を与えてください。原則、**聞き手の理解の速度が、プレゼンの進行速度**です。このことをしっかりと覚えておいてください。

②強調の間

もう1つの間は、大切なことを伝える前後につくる間です。**言葉を急に切ってしまい、わざと無言の状態を2～3秒つくります。**すると聞き手は違和感をもち、集中していなかった人でも気になって顔を上げます。次のような伝え方です。

「このように、鎌倉幕府主導で、借金の帳消しを行った法令を、………永仁の、徳！政！令！……というんだ」

言葉で強調をつくるため、この時に板書をしながら黒板に向かって話して、子どもの方を見ていないということがないように注意してください。オープンスタンスで、子どもに正対している状態で、目を見て伝えます。

良いプレゼンとは、決して流暢な話し方のことではありません。聞き手が理解できる速度で、理解できる内容の話を、理解できるように伝えることを指します。**常に、聞き手の視点を持ちながら伝えることを意識してください。**

(3) 意図のある視線で「見られている」意識を与える

子どもの集中を切らないためのスキル３つ目は、話し手の視線です。ご自身の普段の視線の動きについて、少し振り返りながら読み進めてみてください。まずは今から、２つの質問をしますので、それぞれにお答えください。

①授業中に30名に向けて話すとき、どこを見ながら話していますか？
②全校集会で540名に向けて話すとき、どこを見ながら話していますか？

いかがでしょうか。①と②では、答えが異なりましたか？それとも同じでしょうか？実は、どれだけ話をする対象人数が変わろうとも、結果的に、視線の動きは同じになるのが望ましいです。そして、聞き手に正しく視線を振る理由は２つあります。１つが『話し手のメッセージを伝えるため』、もう１つが『聞き手の状況を確認するため』です。もしこの２つの目的を必要としないプレゼンであれば、わざわざ相手の時間を奪ってまで話すほどのことではないでしょう。他人の時間を頂いて話す覚悟があるのなら、自分の視線にまで十分注意を払い、２つの目的の達成に向けて話す必要があるのです。

まず、授業中の視線について考えてみます。授業では、教室全体を見渡すという方が多いのではないでしょうか。人数も比較的少ないため、一人ひとりに順に目を合わせながら話すことも十分可能です。皆さんからは子どもたちが見えていますし、子どもたちも先生に見られていると感じるでしょう。

ところが、全校集会の視線となると状況が変わります。仮に１人２秒ずつ、540名全員に目を合わせながら話すと全員を見るのに18分かかります。しかも、最初に２秒目が合った子どもとは、18分間で一度しか目が合わないことになりますから、これでは話し手のメッセージを伝えることも、聞き手の状況を確認することも、難しくなります。

では、どうすればいいのか？

私は、次のページの図のように、**聞き手全体を大きく４つのブロックに切り分けて視線を分配する方法をお勧めしています。**

４つの区画ごとに、順に視線を向けていきます。この時、仮に子どもが540名いるのであれば、ひとつの区画には135名がいます。この135名に対してざっと視線を振り分け、区画ごとに視線を動かしていきます。

コンサートへ行くと、こちらを見たミュージシャンと目が合ったのではないか、と感じる機会があります。これと同じように、子どもたちも遠くからこちらを見ている教師に対して「見られている」という意識をもちますので、メッセージの伝達や聞き手の状況確認といった目的は達成することができます。

1点注意したいのは、右前方と左前方にいる人に対しては視線が届かずに死角となってしまうケースがありますので、角にいる人に対しては意識的に視線を送るように心がけてください。

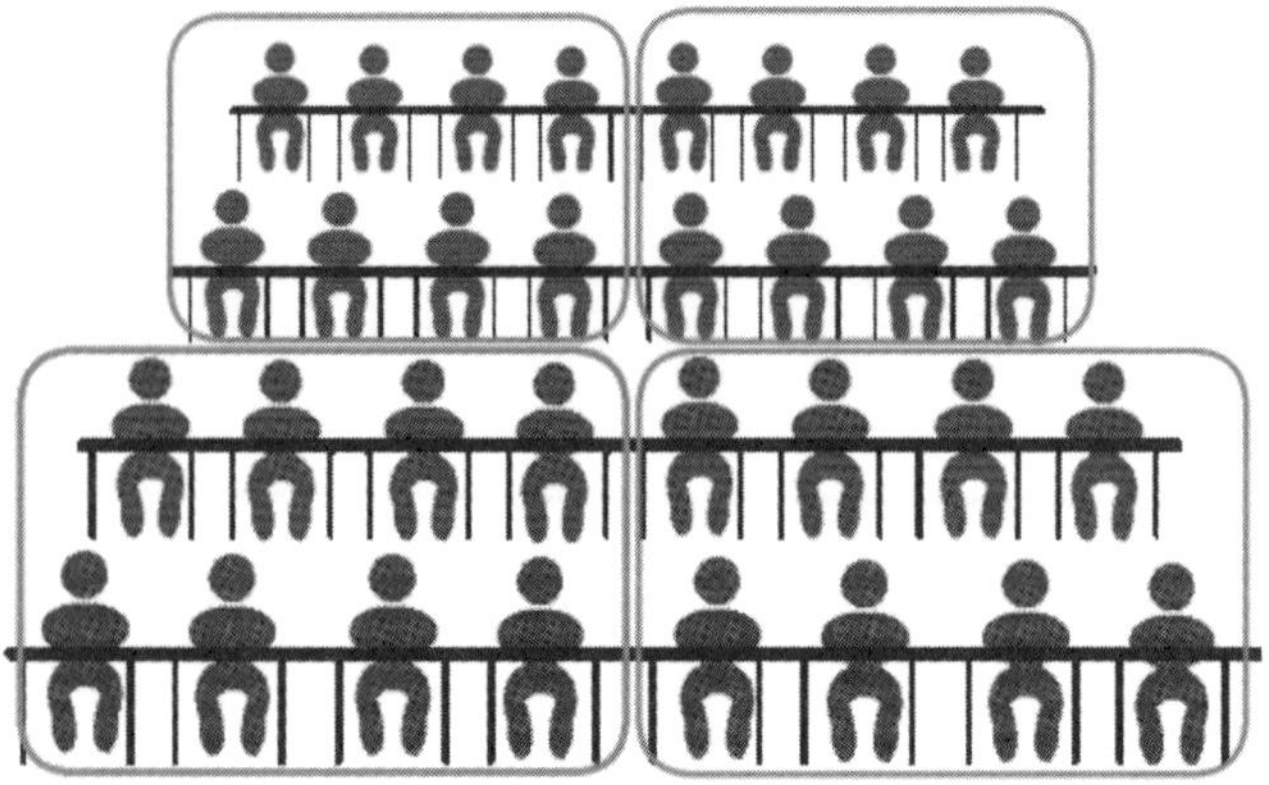

また、この『4区画視線分配法』は教室の授業においても同様に活用できます。特に経験の浅い教師の場合、教室では子ども全員を同じように見ているつもりでいても、実際には熱心に話を聞いてくれる子ども、注意する回数が多い子どもを中心に視線が動いています。すると、中には「先生は自分のことを見てくれていない」と感じる子どもが発生します。そんな不安を感じさせないためにも、4区画に対して均等に視線を振り分けましょう。

教師が「見ている」と感じる視線と、子どもが「見られている」と感じる視線には、差があることを知っておいてください。

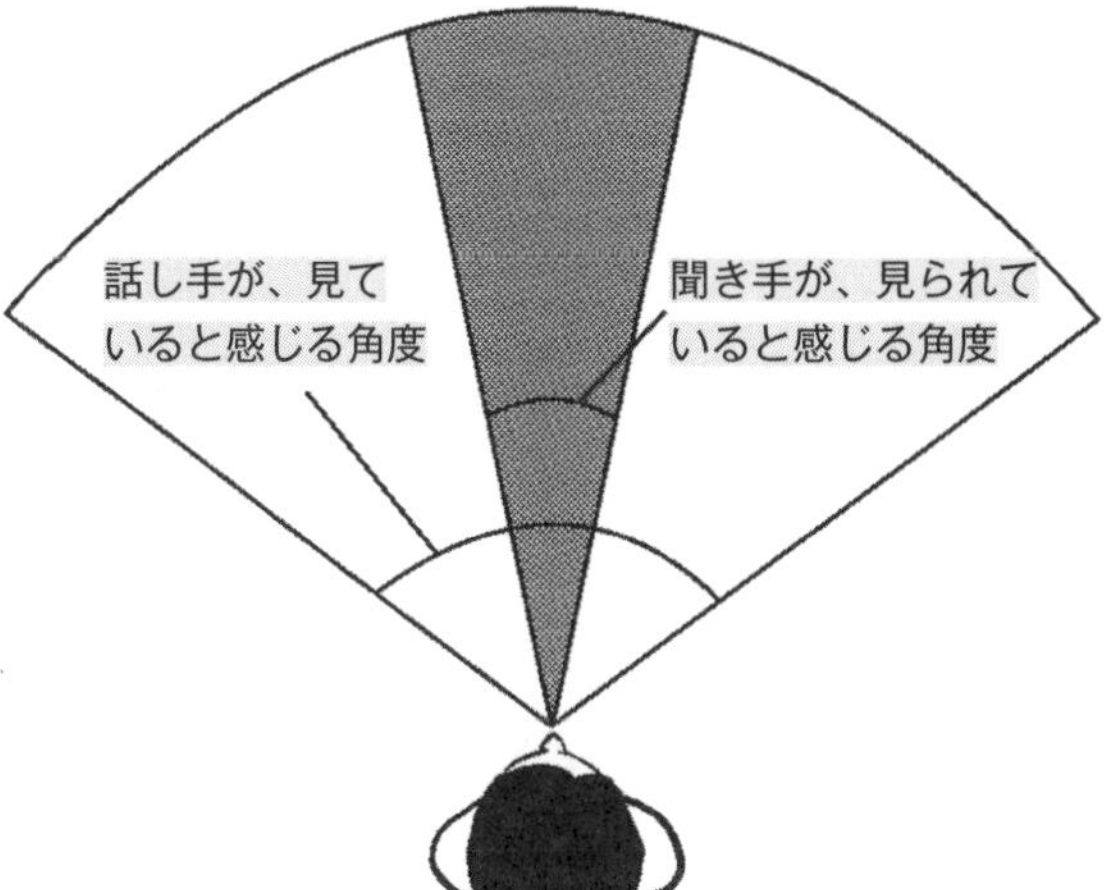

(4)声質の抑揚で飽きさせない

子どもの集中を切らないためのスキル４つ目は、聴覚情報の活用です。

子どもが授業中に取得している情報には、３種類あります。視覚情報、聴覚情報、言語情報の３つです。視覚情報は目に見える情報ですので、板書、話をしている教師の姿、教科書、資料集などが該当します。視覚情報は記憶にも定着しやすく、有力な情報です。言語情報は、どんな内容の話をしているのかという言葉の情報です。先生の言葉の使い方や、面白いたとえなど、授業の面白さは言語情報によるところも大きいです。

残る聴覚情報がここでのテーマ。聴覚情報とは、どのような音が聞こえているかという情報です。言語情報と似ていますが、明確に異なります。言語情報は内容、聴覚情報は音です。例えば、私が「こら！」と言ったとしましょう。この時に、「こら」と言っているな、と感じる情報が言語情報。優しい声で笑いながら発しているな、と感じる情報が聴覚情報です。

実際に、コミュニケーションを行う際、相手に最も大きな影響を与える情報は視覚情報とされています。笑顔で話しかけられると心地よいのは、視覚情報によるところが大きいのですね。そして、その次に影響が大きいのが、聴覚情報です。

次の2つの言葉の印象を、想像してみてください。

A 「本当に…ごめんなさい……」

B 「ほんっとうに！ごっっめんっなさぁ〜〜い♪」

ただ、「ごめんなさい」と言えばいいわけではありません。言語情報が全く同じであったとしても、聴覚情報だけでこれほどまでに印象は変わります。

授業で話をする際にも、全く同じことが言えます。説明している内容（言語情報）が同じであるにもかかわらず、石田先生はわかりやすいと言われ、山田先生はわかりにくいと言われる。この違いがどこから来るかといえば、まさしく聴覚情報の違いなのです。

では、実際の聴覚情報の活用方法についてお伝えしていきましょう。まずは自分がどのような声で話をしているかについての確認を行います。

声の種類は、下の図の通り4種類に分類することができます。この中から、自分が普段の授業ではどの領域の声を出しているのかを選んでください。

よろしいですか?

では次に、その声とは対角線上にある領域の声を見てください。あなたが練習しておかなくてはならない声は、この領域の声です。私であれば、普段の声がBなので、対角線にあるCの領域の声を練習するということになります。

普通に話している声にもそれぞれ特徴はあり

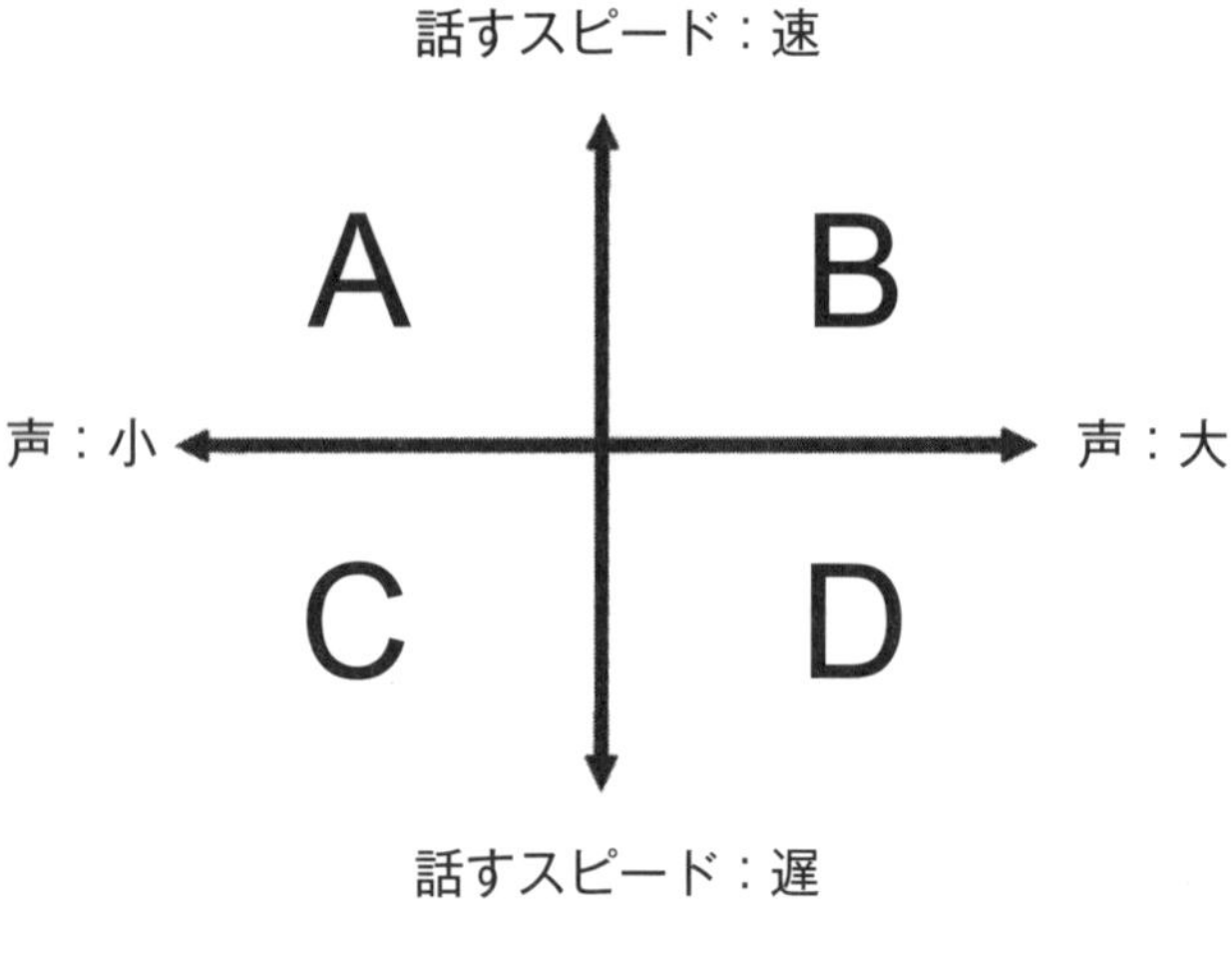

ます。しかし、常に同じトーンで話し続けると、聴覚情報が単調になり、抑揚がなくなります。すると、強調したい部分の説明を行う場合でも、子どもを引き付ける説明ができなくなるのです。

一方、強調したい場面で対角線にある声を出すことができれば、聞いている人に違和感を与えることができます。**「おや？普段と違うぞ？」ということの違和感。この違和感に聞き手は顔を上げ、興味をもって話を聞こうとするのです。**

このように、声の出し方によって表現の幅をもたせることで、聞き手の集中力を高め、引き込む話し方が可能となります。表現は幅が広ければ広いほど、様々な表現が可能となります。私が先ほど『普段の声の領域の、対角線を練習する』といったのはそのためです。**実際には、対角線ではなくとも、普段の声と同じ領域でさえなければ強調表現が可能となります。**しかし、普段の声とは真逆のトーンの声、私であればCの声を練習しておくことで、Aの声も、Dの声も、出すことが可能となるのです。

声の質を変えるだけで、聞き手を話に集中させることができます。十分に練習を行い、皆さんの表現の幅を広げてみてください。

(5)集中力を左右する、話し手の態度

子どもの集中を切らないためのスキル5つ目は、話し手の態度です。特に、姿勢や振る舞いなどの、見えるスキルについてお伝えしていこうと思います。

教師が正しい態度で授業を行えていれば、子どもは緊張感をもちますし、教師も子どもの状況を正しく把握できます。しかし、実際の現場では自分の授業を他の人から指摘されるという機会は少ないです。誰にも指摘されることなく自己流で進めていると、悪い癖がついてしまいます。結果として聞き手の集中を妨げてしまうのです。

私が教師研修にて模擬授業を拝見していて、意識的に改善していただいている態度が2つあります。

①気になるノイズ（癖）がある
②聞き手を向いて話していない

順番に見ていきましょう。

①気になるノイズ（癖）がある

誰にでも、話し方には癖があります。**言葉の癖と動きの癖、どちらの癖も聞いている人が気になってしまうと、話している言葉が頭に入りません。**そこでお勧めなのは、自分自身の授業を動画で撮影してみることです。

よくある言葉の癖、「えー」「あのー」「そのー」「えーっと」などは、集中を妨げるノイズとなります。言葉の癖がある場合、徹底的その言葉を使わないように意識して話しましょう。それだけで、グッと話が聞きやすくなります。

また、動きの癖には腕を振り続ける、立ち方がだらしない、同じ動きを繰り返す、などがあります。これについても動画で確認した際に気になる動きがあった場合には、徹底して改善するようにします。

まずは自分の癖を知ることが第一歩です。知ってさえいれば、直すことができます。

②聞き手を向いて話していない

そんなことはない、と思われるかもしれませんが、冷静に振り返ってみてください。話し手が聞き手に向いていると感じていても、聞き手がそう感じていなければ意味がありません。コミュニケーションは、常に聞き手が主役です。

下の図をご覧ください。話す際の2種類のスタンスを表しています。右がオープンスタンス、左がクローズドスタンスです。オープンの方が聞き手から見たときに「自分に対して話してくれている」という印象をもちます。

ではどういうときにクローズドスタンスになっているのかといえば、板書しているときです。板書をしているときにクローズドスタンスをとると、目の前に黒板しか見えません。子どもた

ちの方を見ることはできず、ひたすら黒板に向かって話しかけることになります。子どもたちは教師から見られていないので緊張感がなくなり、集中力は途切れます。

そこで、**常にオープンスタンスで授業を行う練習が必要となります。**体は子どもたちに半身で正対したまま、完全に後ろを振り向かずに板書するのです。はじめは文字が斜めになってしまいがちですが、慣れるとクローズドスタンスで書くのと同じように書けるようになります。

1点だけ注意すると、オープンスタンスで板書をすると、1か所死角がうまれます。それは、右利きの教師であれば左前方、左利きであれば右前方の席です。ここの席は意識的に視線をおくることで、子どもたち全員をしっかりと見ているという安心感を伝えてください。

3　すぐに行動させるためのスキル

(1)端的に結論を述べ、話は短く

すぐに行動させるためのスキル1つ目は、シンプルに伝えることです。唐突ですが、次の文章を読んでみてください。

『昨日私は、久しぶりに外でご飯を食べようと思って準備をしていました。男性と比較すると、女性は準備に時間がかかって大変ですよね。荷物も男性に比べて多いので、大変だろうなぁと思います。荷物といえば、私は仕事ではいつも手提げカバンを使用していますす。やはりビジネスシーンでは、手提げの方がリュックに比べると客先でも印象が良いように思います。ところが、最近はリュックの方が増えてきているので、昔に比べるとビジネスでリュックを使用することに対する抵抗がなくなってきたように感じます』

とてもまわりくどい文章でしたが、この文章を通じて一体何を言いたかったのか、わかりましたか？

昔に比べ、ビジネスシーンでリュックを使用することに対する抵抗がなくなったように感じる

これが伝えたいメッセージです。では、そこに辿りつくまでの話は一体何だったのでしょうか？ 実は、思いつきの言葉の羅列です。そして、先ほどの文章は『話がわかりにくい』と言われる方の代表的な話し方です。おわかりの通り、とにかく話が長いのです。長すぎて、一番大切なメッセージを伝える頃には、聞き手は話に飽きてしまい、全く聞いていないという非常に残念な状況に陥ります。そして、**話が長いことによって、一体何の話をしているのかを聞き手が理解できず、結局自分は何をすればいいのかわからないので行動できない**ということにつながるのです。

聞き手を引き込む話し方をするためには、メッセージをシンプルに表現することが重要です。**短ければ短いほど印象に残り、聞き手は忘れにくくなります。**

もし皆さんの中で、自分は話が長いと感じている方がいらっしゃれば、それは直すことができます。話を短くまとめることで、周囲から話がわかりやすいと言われるようになります。**普段からたったひとつのことに気をつけて練習を続ける**だけで改善可能ですので、方法をお伝えします。

結論から述べる

例えば、同僚に話しかけるときや質問に答えるときには、**『何を言いたいのか？』を一言でまとめてから話しかけるようにします。**ペンを借りたいのであれば「失礼します、ペンをお借りできますか？」と伝えます。話が長い人は、油断すると次のようになります。
「あの、お忙しい所すみません。少しいいですか？実は、昨日ペンケースにペンを入れたつもりだったのですが、今確認したところどこにも見当たらないのです。申し訳ないのですが、ペンをお借りすることはできますか？」

これでは圧倒的に長いです。相手の貴重な時間を奪う行為であり、相手はあなたのメッセージを理解するために高いコミュニケーションコストを支払うことになります。

結論を整理してから話し始めること。これを意識するだけで、相手はあなたの話をわかりやすいと感じます。

また、質問に対して答えるときもシンプルに回答します。「お昼ご飯、何食べる？」と聞かれたときに、「昨日はラーメン食べたんだよね。最近麺類が多いんだよなぁ…」と答える人は、話の長い人です。なぜなら、この時点でまだ質問に対して答えていません。「何食べる？」という質問に対する回答は、「カレーライス」、「ハンバーグ」といった食べ物の回答になります。質問したことに対する回答がなかなか返ってこない人は、これからは気をつけて下さい。こちらも、**聞かれたことにシンプルに回答することを心がける**と、わかりやすい話し方をするという印象を相手にもたれます。

子どもたちに対して授業をするときも同様です。『今日のポイントは３つ、これを押さえておけばＯＫ』と、先にゴールを示しておきます。すると、子どもが理解する負担は大幅に軽減されます。結論から話すためには、自分が何を伝えたいのか、要点を整理できているることが必要です。**話しながら考えるのではなく、考えてから話すことを心がける**と、いいトレーニングになります。是非お試しください。

(2)相手の立場にたって、相手のメリットを伝える

すぐに行動させるためのテクニック2つ目は、相手の立場で、相手のメリットを伝えることです。次の2つの伝え方を比較してみてください。

A：「ちゃんと勉強しておかないと、将来苦労することになるよ！ 勉強しなさい！」

B：「サッカー選手を目指すってことは、日本だけで試合するわけじゃないよね？ 英語が話せたら、海外の選手とのコミュニケーションもスムーズにできるだろうね」

この2つにどんな違いがあるか気付きましたか？

Aは、正論を述べています。一方、Bは相手にとってのメリットを伝えています。**正論**

には反論の余地はないですが、言われた側からするとやる気を出すことはできません。あなたが学生のとき、大人からこう言われたらどう感じたでしょうか？

・学生の仕事は勉強だ。バイトをしている暇があったら、勉強しなさい。（大学生）
・目標は高ければ高い方が良い。東京大学を目指せ。（高校生）
・服装の乱れは気持ちの乱れだ。私服であっても学生らしい服にしなさい。（中学生）
・友達の名前を呼び捨てにしてはいけない。もう一度言い直しなさい。（小学生）

どれももっともらしいですし、確かに一理あります。もしこの主張を振りかざしてディベートをするのであれば、有利に進めることができるでしょう。しかし、**子どもを行動させるために必要なのは、反論ができないような主張をすることではありません。**

人は説得しても動きません。納得して、初めて動くのです。

相手を納得させるために、理屈が通った話し手の一方的な論理で論破しようとすると、

「言っていることはわかる。だけど、この人は私のことをわかってくれていない…」という反抗心が生まれます。そしてこの反抗心が、相手の主体的な行動を妨げるのです。

では、どうすれば相手に気持ちよく動いてもらうことができるのでしょうか?

その答えが、**『相手の立場で、相手のメリットを伝えること』**にあります。自分にとって、どのような良いことがあるのかを具体的に理解できれば、人は自ら行動します。**伝え方を変えることで、相手の自発的な行動を促す**のです。もちろん、人によってやる気が出るポイントは異なります。相手の状況に合わせた伝え方をすることが大切です。

そして、そのためには、**相手を理解し、相手に共感する**こと。**相手が大切にしている考え方や好きなことに気付けるかが重要**です。誰でもそうですが、自分が大切にしていることに共感してもらえれば、相手に対して心を開きます。

正しさだけでは、人を動かすことはできません。子どもたち一人ひとりに対して普段から興味をもち、心からの愛情をもって接することが、このスキルの本質です。

(3)わかりやすい説明のカギ、5W1H

すぐに行動させるためのスキル3つ目は、5W1Hで伝えることです。私は学生時代、バスケットボール部に所属していました。中学生のとき、監督から次のようなアドバイスを頻繁に受けていました。

『真剣になれ！必死になれ！チームのことを考えろ！』

このアドバイスに対して大きな声で返事をし、言われたように取り組むのですが、毎回毎回同じことを言われ続けました。そして、とうとうある日、こう言われました。

「君はいったい、何度同じことを言われれば気がすむんだ。真剣になれ」

私は、この瞬間のことを今でもはっきりと覚えています。当時の私は、心の中でこう思っていました。

「俺は真剣だし、必死だし、チームのことを考えているのに、一体何が足りないというのだろう…」

明確な答えがないため、自分がこれではないかと思う取り組みを行うのですが、それが的外れなものばかりだったのです。結局私は、最後まで監督のアドバイスの意図をくみ取ることができませんでした。

この経験を通じて、私はひとつの真実に気付くことができました。それは、**『アドバイスは具体的でなければ、行動に移せない』**ということです。

例えば、『真剣になれ』と言われても、**何が真剣なのかは人によって捉え方が異なります。**真剣の定義を明確にして、相手と共通認識をとらない限り、改善するのは不可能です。

当時の私にとって真剣とは、部活動以外の時間で他の人よりも多く個人練習を行うことでした。しかし、もし監督が『練習中に大きな声を出してメンバーを応援し、チームとしての士気を高めることこそが、真剣な姿勢だ』と思っているとすれば、確かに私は真剣ではなかったということになります。

このように、相手にしてほしい行動が実現されていない時、2つの問題が想定されます。

①何をすればいいのか、相手に正しく伝わっていない
②何をすればいいのかはわかるが、やる気にならない

学生時代の私のような『何をすればいいのか、相手に正しく伝わっていない』という状況を防ぐ秘訣。それは、

5W1Hで伝えること

先ほどの例で考えると、『真剣になれ』ではなく、『練習中（Where）、同じ部活のメンバーに対して（Who）、うまくいったとき（When）は「ナイス!」、失敗したとき（When）は「ドンマイ!」と声を（What）かけなさい（How）。メンバーの関係性は、チームプレーに大きな影響を及ぼします（Why）』と伝えれば、何をすればいいかは明確になります。

5W1Hで伝えることで、自分が相手に期待する行動を取ってもらえる確率は向上します。仮に、英語が苦手な生徒に勉強法を聞かれたとき、「読んで、書いて、聞くことが大切」とアドバイスしても、何をすればいいのかわかりません。結局何も行動することはできないでしょう。これを、「家で（Where）英単語を500個、構文を50個（What）、ここまで半年で（When）覚えよう。おススメの単語帳（What）があるから、教えるよ。半年後には、長文が読めるようになるのを体感できるよ（Why）。覚えるときは必ず、書きながら、声に出して、目で覚える（How）。君の手、目、耳、3つの感覚器官（Who）をフル活用して記憶しよう」と伝えれば行動できます。伝え方ひとつで、これほどまでに差が出るのです。

「あの人は、何度言ってもわかってくれない」という考え方を、指導すべき立場の人間がするべきではありません。常に自分に原因があるのではないかという視点で考えます。「相手がわかってくれない」のではなく、「わかるように説明できていない自分がいる」。「相手がやる気を出してくれない」のではなく、「やる気を引き出すことができない自分がいる」のです。自らを変えることで、子どもたちの未来をより良くするという信念をもち、伝え方のスキルを向上させていきましょう。

(4)聞き手の記憶を呼び覚ます、トリガーワード

すぐに行動させるためのスキル4つ目は、トリガーワードです。**トリガーワードとは、記憶の引き金となる言葉**のことを指します。

誰しも、過去の出来事や話の内容を全て正確に記憶し続けることは容易ではありません。そこで、頭の中でわかりやすいようにラベルをつけて整理したり、語呂合わせで覚えたりなど、記憶するための工夫をします。

皆さんも思い出してみてください。社会であれば『鳴くよウグイス、平安京』、理科であれば『水兵リーベ僕の船…』など、一度は口ずさんで記憶したのではないでしょうか。これは記憶のトリガーの一種です。

また、過去の出来事を思い出そうとする際には、自然と記憶の引き金を手掛かりに思い

出そうとするはずです。

ひとつ質問ですが、昨日の晩御飯が何だったか、思い出せますか？

いかがでしょう？

もし思い出せないという方は、昨日の夕方からの行動を思い出してみてください。自宅で食べましたか？外食だったでしょうか？自宅であれば、帰ってから最初にどんな行動をとりましたか？そのあと、家族の誰かと話しましたか？どんな会話だったでしょう？このように順にさかのぼると、記憶を引きだしやすくなります。思い出すきっかけが、どこかにあるはずです。

私は、昨日は晩御飯が遅くなりました。そして、何か入っていないか冷蔵庫を覗き込んだら、豚肉と玉ねぎを発見しました。そう、これです。豚肉と玉ねぎ。これがトリガーです。私は昨夜、焼肉定食をつくりました。


このように、少し前の記憶でさえ引き出すのが困難なのです。**大量の情報が飛び交う昨今、子どもたちが授業の内容を忘れたとしても何ら不思議ではありません。**

とはいえ、皆さんが子どもたちにしっかりと記憶してほしいメッセージを発したにもかかわらず、子どもたちが毎回すぐに忘れてしまうとすれば非常に残念です。そこで、人の記憶の習性を活用します。トリガーワードによって、記憶定着のサポートを行いましょう。

例えば、将来の職業に関する授業を行うとします。様々な職業を調べたり、説明を行ったり、適正診断を行ったりして、仕事に対する興味関心をもってもらいます。しかし、これだけで授業を終えたら、子どもたちは『あー楽しかった』で終わります。「何を学んだの?」と聞かれても、「いろいろな職業を調べた」程度の感想で終わるでしょう。そして、実際に調べた内容については、残念ながら数日後にはほとんど覚えていないでしょう。

そこで、次のようなトリガーワードを大きな声で、ハッキリと伝えます。

『好き』という感情は、現在存在していない職業ですら新たにつくり出せる

『10年前に、YouTuberという職業は有名だったか?違っただろう。世間は「なんだそれは」という冷ややかな目で見ていたよ。それが今はどうだ?将来就きたい職業ランキング上位に入っているじゃないか。好きなことをとことん突き詰めると、それは仕事になる。

他の人が欲しがるような知識や経験があれば、それは仕事になるんだ。今存在している職業の中から、無理に将来を決めなくてもいいんだよ。なければ自分でつくればいいんだ。だから、まずは自分が本気で熱中できること、好きになれることを探すことに一生懸命になればいい。好きという感情は、今存在していない職業もつくり出せる。たった一度の人生、思いっきり自由に描いていこう。先生も応援するよ』

このように、授業を通じたメインメッセージや、最も記憶に残したいメッセージを一言に凝縮したものが、トリガーワードです。こうすることで、『自分が好きなことを見つけるのが、将来への第一歩！』と、強烈に記憶に残すことができます。他の細かい話を忘れたとしても、たった一言、トリガーワードをしっかりとインプットさせることさえできれば、その場の雰囲気や、前後の話についても記憶を呼び覚ますことが可能となります。

是非、授業やスピーチの際には、トリガーワードを準備してください。そして、話の中で何度もその言葉を繰り返し使用してみましょう。子どもたちの記憶の中に、ハッキリと記憶の爪痕が残り、行動にもつながります。

4　子どもの意欲を引き出すためのスキル

(1) 4つの要素をはっきりさせれば、やる気は勝手についてくる

子どもの意欲を引き出すスキル、1つ目はやる気の構成要素です。「やる気さえあればできる子なのに…」「やる気を出してほしい…」多くの親御さんは、自分の子どもに対してこう願っています。

ところで、**そもそもやる気とは何なのでしょう?**やる気の構成要素について学びを深めて、子どものやる気を引き出すヒントにしてください。

想像してみてください。

今から我々は、『グリュックリッヒ島』という島に、船を漕いで向かうことが決まりました。

『さぁ! やる気を出してくれ! グリュックリッヒ島まで、船で行ってみよう!』

強引に出発が決まりましたが、あなたはこれでやる気を出せますか？
私は、残念ながらやる気が出ません。
その理由は、４つあります。

①目的地がどこなのか不明

向かう場所が不明なため、どちらに漕ぎ出せばいいのかスタートから不安でいっぱいです。誰かが北へ向かったとしても、**本当にその方角に目的地があるのかわからない**ため半信半疑でのスタートになります。

②現在地が不明

今自分がいる場所がどこなのかわからないため、仮に目的地の場所がわかったとしても向かう方角と距離が不明です。５分で到着する場所なのか、１年以上かかるのかもわからない。**達成度合いを測定できない**ため、やる気を出すのは難しいでしょう。

③やるべきことが不明

現在地と目的地がわからないことによって、途中どのような速度で漕ぎ続ければ、何日くらいで到着するのかが予測できません。これによって適切な体力の配分、食料の準備、家族への報告などを行うことができないため、**不安要素が大きく**なりすぎます。

④困難に立ち向かう理由の欠落

そもそも危険を冒して嵐や荒波に立ち向かう理由が、存在しません。グリュックリッヒ島に到着すると、**一体どんないいことがあるのか不明な状況**で、なぜリスクを負ってまで立ち向かわなければならないのでしょうか。もはや意味がわかりません。

いかがでしょうか？

皆さんの過去を振り返ってみても、これら4つの条件が整っている場合にのみ、やる気を出せているのではないでしょうか。

これは、子どものやる気を引き出す場合にも全く同じです。どれほど大きな声で「勉強しておくと、将来必ず役に立つ！」と繰り返したとしても、残念ながら子どもがやる気を

出すことはありません。例えば、社会科が苦手な子どもであれば、

①今取り組んでいる苦手な社会科の学習は、一体どうなればゴールなのか？
②現在の自分は、ゴールからどれくらい離れた場所にいるのか？
③現在の自分と、ゴールまでの距離を埋めるために、どのような行動が必要なのか？
④なぜ自分は、苦手な社会科の学習を行わなければならないのか？

４つの要素を言語化し、それぞれをはっきりさせます。人は誰でも、楽しいことであれば放っておいてもやり続けます。しかし、困難なことに対して逃げずに立ち向かう姿勢をとることは、容易ではありません。だからこそ、**子どもがあきらめない理由を一緒に言語化し、その理由に対して共に楽しみながら向かっていく必要があります。学習を通じて、あきらめない姿勢を身につけさせることは本質的な教育の価値でもある**からです。

これら４つの要素を意識した指導によって、子どもの意欲を引き出してください。そして、**子どもたちの味方として、目標達成のサポートを行っていただきたい**と思います。

(2)教師が、子どもの憧れであり続ける

子どもの意欲を引き出すスキル、2つ目は子どもが憧れる大人になることです。同じ言葉であっても、誰から言われるかによって子どもたちの意欲は大きく変わります。

皆さん自身のことを考えてみてもそうだと思いますが、例えば『教師としてのあり方』について、信頼している上司から指導されるのと、初めて居酒屋で隣り合わせになった人から指導されるのとでは、受け取り方には差が出るのではないでしょうか。この時影響を及ぼすのは、信頼関係以上に『その言葉を言うに値する人物なのか？』という観点です。

私が教師として中学2年生の個人面談を行った時、生徒からこんな相談を受けました。

「先生、僕、大人になりたくないです」

彼はこう続けました。

「大人って、すごく大変だと思います。お客さんや上司に怒られることもあるだろうし。僕の父を見ていると毎日残業で、休日も仕事があったり、とても大変そうです。疲れて帰ってくる姿を見ると、毎日頑張って働いてくれてありがとう、と思いますが、僕は大人にはなりたくないとも思ってしまいます。おかしいですか…?」

私はこの相談を聞いていて、なるほどなぁ、と思いました。と同時に、私自身が、『先生のような大人になりたい!』と子どもたちが憧れるような姿を見せていなかったことを反省しました。

子どもたちに、『大いなる夢をもとう!』と伝えるためには、まず教師自身に大いなる夢がなければ語る資格がありません。

子どもたちに、『困難に打ち勝とう!』と伝えるためには、教師自身が困難に立ち向かう姿を見せなければなりません。

親が子どもの幸せな人生を願うことは、当たり前のことです。しかし、**テレビを見ながらソファーに横たわり、「早く勉強しなさい!」と言ったとしても、何の説得力もない**のです。まずは、身近な大人が、模範的な姿を見せることから始めなければなりません。

この面談後、私は自分という媒体を通じて、子どもたちに対して魅力的な大人の姿を見せることを決意しました。仕事は大変なこともあります。けれど、それと同等か、それ以上の素晴らしい経験や感動が得られるということを子どもたちに対して語りました。そして、自分自身が魅力的な大人を体現できるように考え、行動を続けました。

私は塾の教師でしたので、わかりやすい授業ができて、高校に合格させることができれば、いい教師と言われるのかもしれません。しかし、良い授業ができる素晴らしい教師は、世の中に山ほどいます。むしろ、合格させるためだけの受験テクニックや点取り学習を突き詰めることに、私は魅力を感じることができませんでした。

「私にしかできないことは何だろう？」

「教師として、せっかく出会えた子どもたちに対して、残せるものは何だろう？」

そう自問自答した結果、『人生を学ぶ、機会の創出』を私のメインテーマにしようと決意したのです。それからは、ことあるごとに、授業の中で世界の偉人の話や、自分が出会ってきた挑戦者たちの物語を語りました。すると、興味深いことが起こりました。

50分の授業のうち、スピーチに30分使ってしまえば残りは20分しかありません。内容が濃い授業とは言い切れないときもあったはずです。しかし、教えていない学習内容であっても、子どもたちは自ら学習して身につけてくるのです。そして、ひとりの生徒がこう言いました。

「テストの勉強は自分でできるので、たくさん先生の話を聞かせてください」

子どもたちは純粋です。プラスのエネルギーを与え続けると、どんどんいい方向に伸びていきます。本来、人は新しいことを学びたい、成長したい生き物なのです。しかし、その目的や意義を見失ってしまうと、時としてなかなか前向きに取り組めなくなる時があります。そんなときにそっと背中を押せる存在。これこそが、教師の本来あるべき姿であり、私が目指したい真の大人の姿であると気付かせてもらいました。

子どもの意欲を引き出すことの重要性は、今さら私が語る必要もないほどに重要なことです。しかし、**『どのように意欲を引き出すか？』という方法論の前に、『どのような姿を見せ続けるか？』という在り方が大切である**ということに気付けたのです。

(3)称賛し、教室のヒーロー・ヒロインをつくる

子どもの意欲を引き出すスキル、3つ目は前向きに取り組める環境をつくることです。昨今話題としてよく耳にするようになった「心理的安全性」について、ここでは取り上げていこうと思います。

私がこれまで見てきた教室の雰囲気は、大きく分けて2種類ありました。ひとつは、手を挙げて積極的に自分の意見を発表することに肯定的な雰囲気。もうひとつは、一生懸命発表し、学習に取り組むことはカッコ悪い、ダサいという否定的な雰囲気です。皆さんも過去に指導してきたクラスを振り返ると、両方のケースを思い出すことができるのではないでしょうか。

一生懸命がカッコ悪いと斜に構えた態度をとる子どもが教室に何名かいると、他の子は

前向きに授業を受けづらくなってしまいます。特に中学生くらいの年頃になると、ただでさえ周りの反応におびえたり、恥ずかしいといった感情が出てきたりするようになります。このようなクラスでは、子どもたちは自然体の自分をさらけ出すことができなくなってしまい、授業も非常にやりづらい状況に陥ります。

では、もしこういったクラスに遭遇したら、どうすればいいのでしょうか？

私は、**『ヒーロー、ヒロインをつくる』**ということをおススメします。子どもが、頑張って取り組んだことを教師が必ずすくい上げて、毎日クラス全員で称賛し続けるのです。

例えば、今回のテストの点数が、前回のテストの点数よりも大幅に上昇したA君。

「今回のテストは50点も点数が伸びたな！ 素晴らしい！ 全員、拍手！」

今日の発表回数上位３名に対して。

「今日も積極的な発言ありがとう！ みんなも発表してくれよ！ ３人に拍手！」

普段発表しないB君が、今日珍しく発表したものの、答えを間違えてしまった場合。

「間違っていいんだよ！どんどん間違えよう！このクラスの中で恥ずかしいことなんて、ないぞ！馬鹿にするような子もいない。それより、今日手を挙げた勇気が嬉しい！B君、ありがとうな！明日からも頼むぞ！B君に全員、拍手！」

給食をこぼしてしまったCさんを見て、真っ先に助けに行ったDさん。

「今日、Dさんが取った行動は本当に素晴らしい。困っている人を見て、素通りするような子はこのクラスにはいないって、見せてくれたよね。素晴らしい！どんどん助けよう！拍手！」

このように、生徒が少しでも前向きに取り組んだ瞬間を逃さずに、ヒーローやヒロインとして称賛します。**間違えてはいけないのは『うまくいったことだけ褒める』わけではないという点です。**うまくいったかどうかは結果の話であり、ここで称賛したいのは取り組んだ過程です。もちろん結果に対して称賛はしますが、うまくいかなければ褒めてもらえないとしたら、失敗することを恐れる子どもは何の行動もとらなくなります。

挑戦には当然、失敗がつきものです。しかし、**積極的な失敗を称賛し合える文化をクラスに根付かせることさえできれば、子どもたちは前向きな挑戦をしようと思います。**

「間違ってもいい」と口で言われても、やはり失敗は恥ずかしいものです。その時、教師が大きな声で、「おしい！ただ、発表した姿勢が素晴らしい！いいぞ！」と笑顔で声をかければ、きっともう一度手を挙げようと思います。そして、それを見ていた周りの子どもたちにも、心の底から『失敗しても大丈夫だ』という安心感が生まれます。

こうしていくと、斜に構えた子どもたちも前向きな参加姿勢を見せるようになりますので、それをしっかりと称賛しましょう。誰でも自分の挑戦を褒められるのは嬉しいものです。褒められればまたやろうと思います。逆に、いくら頑張っても全く褒めてもらえないのであれば、もうやめようと思うものです。教師はその一瞬を逃さずに、子どもの挑戦を褒めてください。そして、今日のヒーロー、ヒロインは誰なのか?という視点をもって普段の子どもたちの行動を観察してみてください。

(4) 一流教師が使っている、3つの褒める技術

子どもの意欲を引き出すスキル、４つ目は褒める技術です。意欲を出すためのインセンティブとして非常に重要となる、褒め方のスキルについてここから学んでいきましょう。

誰しも、周囲の人から認められたいという欲求、承認欲求をもっています。しかし、実際のところ褒められたい人の多さに対して、褒めるのが上手な人は少ない印象です。子どもの承認欲求を満たすことによって、**自分という存在は価値のある存在であるという自己肯定感を高める**ことができるように、褒める機会をたくさんつくってください。

では実際に、効果的な褒め方についてお伝えしていきます。

一口に褒めるといっても、その方法には大きく3つのレベルがあります。**①連射型、②狙撃型、③間接型、の3つ**です。**①、②、③の順に効果が大きくなりますが、活用できる**

場面は少なくなります。

①連射型

これは、普段の授業で最も活用頻度の高い褒め方になります。例えば、問題を解かせてできた順に手を挙げさせて教師が教室を走り回り、マルつけをする場面です。

「正解！」、「そうだ！」、「ＯＫ！」、「素晴らしい」、「完璧！」、「よーし！」「いいね！」「やるね！」「よっしゃ！」「グッド！」

このような褒め方でスピーディーに承認します。**多くの子どもに対してたくさん褒める場面をつくることができる**ので、日頃から積極的に

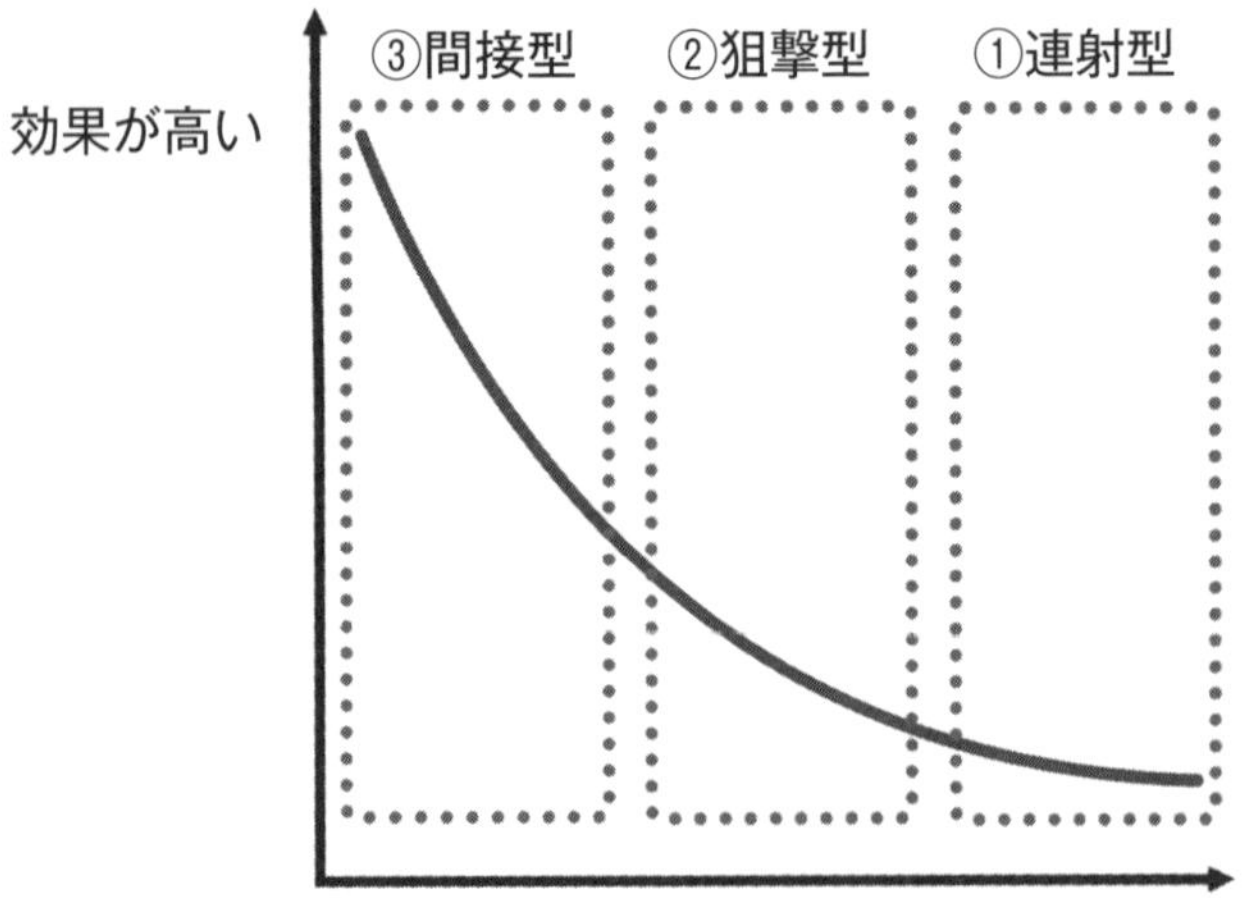

活用したい褒め方になります。集団の中で大きな声で褒めるので、子どもたちは照れながらも喜びます。瞬間的な効果は弱めですが、この褒め方の積み重ねは、お互いの信頼関係構築という意味でも大きな効果が期待できます。ちなみに、**答えを間違えてしまった子どもには、否定的な言葉ではなく、「おしい！」と大きな声で褒めてください。**

②狙撃型

誰から見ても褒めるべき場面であれば、わかりやすいので褒めることは簡単です。しかし、子どもが褒めてほしいという瞬間を狙って褒めるのがこの狙撃型です。これを行うためには、**日頃から目の前の子どもが何に躓いていて、何を頑張って取り組んでいるのかについて興味をもって接さなければなりません。**

特に子どもたちに興味をもたず表面的に接することも実際には可能ですが、それでは教師に対して子どもたちが絶大な信頼を寄せることはないでしょう。人は誰しも、自分を認め、受け入れてくれる存在に心を開きます。自分がされて嬉しいことを、子どもたちにもしようという姿勢が大切です。

「石田、今回のテストすごいな！テスト勉強で英語を頑張っているって言っていたけど、さすがだよ！前回よりも10点伸びているじゃないか！英語の石田！次も頑張ろうな！」

このように、本人の取り組みや成果に対して具体的に褒めます。この時に、「素晴らしい！」と褒めれば連射型に留まり、その威力は半減します。本人の褒めてほしいポイントを、個人的に会話している場面で的確に褒める方法が、狙撃型です。

③間接型

難易度は高いですが、最も効果的な褒め方です。教師間の情報連携を活用することで、その効果は飛躍的に向上します。例えば、社会の授業中に積極的な発言をしようという姿勢が見えた山田君がいたとします。このとき、もちろん授業担当の教師は褒めるでしょうが、あとから別の教師が間接的に褒めるのです。

「山田！聞いたぞ！森川先生が山田のことを褒めていたよ！積極的に発表する姿勢、嬉しかったって！これからも、自分の意見を周りに伝える姿勢を見せてよ！」

この褒め方のすごいところ。それは、森川先生からの情報を基に間接的に褒めたにもかかわらず、それを伝えた教師に対しても子どもが好感をもつという点です。

当然、森川先生に対しても好感をいだきますので、間接型は一石二鳥。効率的かつ効果的に称賛することができます。人から又聞きした情報の信ぴょう性を高く感じてしまうというのは不思議です。

「A子さんが、君のこと好きって言ってたよ！」

こう言われると、直接A子さんから言われるより余計に嬉しいのは、きっと私だけではないように思います。

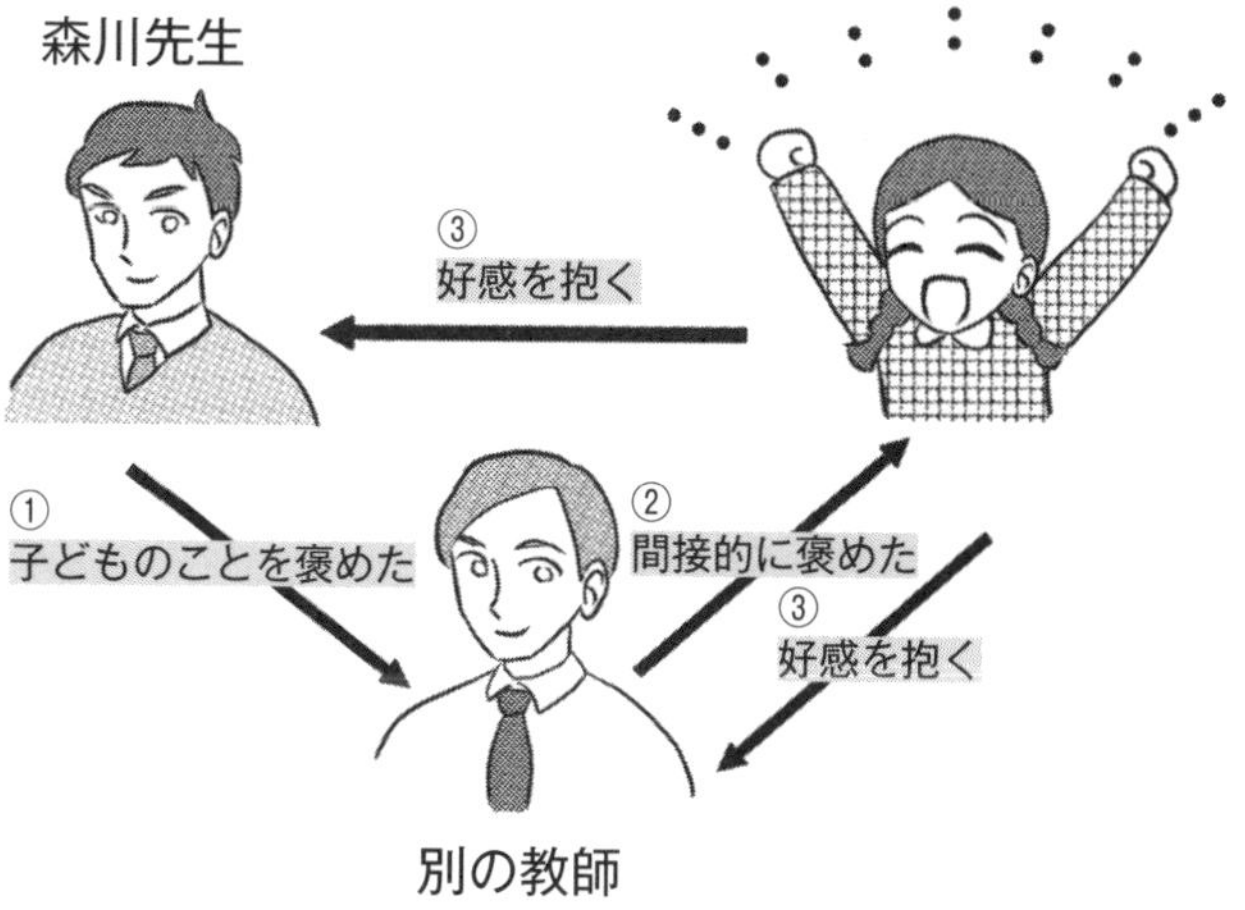

5　子どもを叱る／褒めるときのスキル

(1) 叱り方の大原則

子どもを叱らなければならない場面は、教師として生徒指導を行えば必ず訪れます。叱るのが好きだという教師はいませんが、叱るという指導は褒めることと同じくらい重要です。ここでは具体的に考えていきたいと思います。

まずは『怒る』と『叱る』の違いについてです。

怒るとは、自身の感情を抑えきれずに表面化してしまった状態を指します。体をワナワナと震えさせながら、顔を真っ赤にして、子どもに支離滅裂な言葉をぶつけているときは、完全に怒っています。

一方、叱るという行為の根底には常に、相手に対する大きな愛があります。あくまでも論理的に、自分の感情をぶつけることなく子どもの問題点を指摘します。**叱ると怒るの決**

定的な違い。それは、伝える側の感情の状態にあります。怒っているときは感情のコントロールができていない状態、**叱っているときは実はとても冷静な状態**です。

子どもに対して愛のない教師が何度怒ったとしても、子どもは何も変わりません。愛をもって正しく叱ることさえできれば、一度で必ず改善してくれます。一度で決着をつけることができるよう、怒らずに正しく叱りましょう。

では実際に、叱り方の3大原則をお伝えします。**①その場で、②短く、③事実を叱る、**の3つです。

①その場で

「松永。昨日、掃除をしているときに廊下を走っただろ。そういえば、いつも男子が廊下を走っているという報告を聞いているが、あれも松永か。そうなのか?」

この叱り方は、悪い叱り方。叱るときは、その場で起こっている状態に対して現行犯で指摘する必要があります。昨日の話をしても、子どもははっきり覚えていませんし、今さら昔のことを言われても何が悪いのかがよくわかりません。

過去の話は持ち出さず、必ず現行犯で指摘するようにしてください。

②短く

「少しこっちへ来なさい。さっき、友人と何をしていたんだ？言ってみろ。廊下で。そう、走っていたな。あれは、良いことか？だよな。いつも言っているだろう。いいか。もしも走っているときに、他の生徒が…………」

この叱り方は、長いです。長々話さなくても、子どもはわかっていますし、話が長いことで何が言いたいのか理解できなくなっては本末転倒です。短く叱ることを意識します。

「おい‼‼（大きく、ハッキリとした声で指摘。その後、無言でゆっくりと近づく。子どもの正面で3秒間、子どもの眼を見て静止）走るなよ（ニコッと笑う）」

これで終わりです。**はっきりと声をかけ、無言でゆっくりと近づき、相手に何が悪いか考えさせる時間を与え、無駄にしゃべりません。**この間、子どもの恐怖は余計に増幅しますので、**最後は笑顔で指摘します。**

これは授業中に叱る際にも同様です。基本的に、叱るときは集団の前で叱らない方が良いとされていますが、教室全体を引き締める効果を狙うときには、全員の前で短く叱るのはとても効果的です。その時は絶対に、ネチネチ叱らずに『カラッと叱る』ことを心がけましょう。「おい！」と真剣に短く叱った後、3秒真顔で静止し、「授業中だろ、先生も頑張るから、しっかり頼むぞ」とにっこり微笑むくらいでちょうどいいです。**5で叱ったら、必ず5で笑わせなければバランスが取れません。**大きな声で短く指摘した後は、笑顔で子どもを安心させてください。あとを引かないように、短く指摘してください。

③事実を叱る

絶対に、子どもの人格を否定したり人間性を否定したりしてはいけません。

「その性格が、気に入らないんだよ。ろくな大人にならないぞ」

これではいけません。あくまでも、事実を指摘します。「走るな」、「遊ぶな」、「ばかにするな」、「やめろ」、「とまれ」、「見ろ」、「それを渡せ」、のように、すべて事実に対して指摘し、子どもがその場で改善に向けて行動できるように叱ります。

叱る教師の本気の覚悟と、子どもに対する愛情は、必ず全員に伝わります。

(2)叱った後には、必ず期待掛けを

きちんと子どもを叱ることの重要性をここまでお伝えしてきましたが、叱りっぱなしでは子どもが落ち込んだ状態のままになります。その後のフォローについてはどのようにすればいいのか、ここからお伝えしていきます。

クラス全員の前で叱った場合

叱り方については、前述の通り①その場で、②短く、③事実を叱ります。そして、そのあとのクラス全体に対するフォローとしては、叱ったということが嘘のように明るく、楽しく振る舞います。

「さぁ！続けようか！」

この明るい一言と笑顔で、一気に授業を元のペースに戻します。こうすることで、

・先生は、間違ったことはその場で厳しく指摘してくれる人だ
・先生は、ひと時の感情で怒ったのではなく、愛をもって叱ったのだ
・ネチネチ尾を引くような器の小さい人ではない

ということを、子どもたちも理解します。

一番良くないのは、教師が感情で怒ってしまい、表情も、声のトーンも暗くなることで、子どもたちが逆に気をつかってしまうという状況です。こんなことではプロ教師などとは到底いえません。**プロ教師たるもの、一度教壇に立てば自身の精神状態を常にコントロールできなければなりません。**個人的に嫌なことがあったとしても、悲しいことがあったとしても、教室で一番元気なのは教師でなくてはならないのです。

もし、**プロサッカー選手が試合前に恋人と喧嘩したことが原因で、うまくプレーできなかったと言ったら、どう思いますか？**人間ですから当然、喧嘩をすることもあるでしょう。しかし、それをプロの仕事の場に持ち込んでいるようでは、一流とは言えないのと同じことです。『叱るのは仕方ないが、怒ってはいけない』というのは、これが理由です。

そして、叱った本人に対しては授業が終わったら**必ず一対一で話す場面をつくってください。**授業が終わった後に声をかけてもいいですし、職員室で話してもいいです。**最重要注意点として、このとき絶対に逃げられないようにしてください。**怒られることが怖くて逃げて帰ってしまう子どもがいますが、これでは翌日にもう一度同じ話をすることになり、3大原則の『①その場で』に反してしまいます。

ここからの会話では叱った内容については触れずに、**『あなたのことを信じているし、愛している』というスタンスで、子どもに対するあなたの想いを伝えてください。**この声掛けを、『期待掛け』と呼びます。例えば、このような声掛けです。

「A君、今回は少しきつい言い方になって申し訳なかった。ただ、正しいことを正しく行えるA君だと信じているから、今回先生はイヤだけど大きな声を出してしまったんだ。先生だって、優しくて人気がある先生になりたいよ（笑）でもね、先生が悪者になることでA君が幸せな道を歩めるのであれば、悪者でもなんでも構わない。A君なら、必ずわかってくれると信じているからな。違うか？」

ここではしっかりと子どもに向き合い、もし何か理由があって不適切な行動をとったのであれば話を聞き、子どもと対等な目線で話をします。実は、叱ること以上にこの『期待掛け』によって子どもの心を開き、関係性をいい方向に導くことが大切です。

そして、その日のうちに必ずその子の親に電話をかけて、子どもに対して叱ってしまった事実を共有します。親に報告して子どもを叱ってもらうことが目的ではありません。行った指導について正しく報告し、認識のズレが生まれないように調整します。

このときに必ず、**教師として責任をもってきちんと叱ったので、ご家庭ではこの話には一切触れずに、本人が落ち込んでいないか様子を見守ってほしい、という一言を付け加えてください。**家に帰って両親からも同じことで怒られてしまっては、子どもの逃げ場はありませんし、教師から裏切られたような気がして、関係性も崩れてしまいます。

逆に、**最近の学校での取り組みの中で良かったことを伝えて、是非褒めてあげるように伝えましょう。**教師としての子どもに対する愛は、叱ったあとの対応を見れば一目瞭然です。

(3)上手に、正しく叱るための3つのコツ

正しく叱るための練習を行う

然るべきタイミングできちんと叱ることができない教師に、授業の主導権をもつことはできません。特に、若い教師に多く見られるのですが、子どもから好かれようと迎合してしまうと、子どもからは「ふざけて授業に参加しても、怒られない教師」というレッテルを貼られます。そして、一度こうなると教師としての立場をとることがとても難しくなってしまいます。

ですから、授業に立つ前に必ず、『叱り方』の研修が必要となるのです。それも、教室の中で授業中にどのように叱るのか、という具体的なシミュレーションです。**実際の授業に近い状況で叱る練習が重要となります。**可能であれば叱らずに済ませたいですが、緊急

事態の対処法がわからない状態で現場に飛び出すわけにはいきません。
また、親切な隣のクラスの教師が、「困ったら助けを呼んでください」と救いの手を差し伸べてくれることがありますが、これは逆効果です。助けを呼んで問題を解決した、ということは、『助けなしでは何もできない教師』というレッテルを子どもから貼られてしまうリスクがあります。何としても自分一人の力で乗り切ることができるように、しっかりと事前に準備をしておくのです。

具体的な叱り方のコツは、３つあります。**①声の大きさ、②効果音、③無言の間、**の３つです。

まず、声は自らの最大音量で一言、『おい！』と呼ぶ練習をします。声の大きさの目安としては、下を向いていた子どもが**その声を聞いて、ビクッと驚く程度**です。正直、この言葉の使い方に賛否はあるでしょうが、叱る時に「少し話を聞いてください」と、小さい声をかけても誰も聞きません。**本当に怒っている、と子どもが感じるように、怒った教師を冷静に演じるだけです。**教師版の半沢直樹だと思いましょう。実際には年に一度、使うか使わないかという指導ですが、必要な時に行動できるよう準備します。

次に効果音。声だけでその場を制することができるくらい、大きな声が出せればいいのですが、これが難しい場合には別の音を使用します。**黒板を平手でたたく、手をたたく、などの音を使用します。**『おい！』と同時にこの効果音を出すことで、全員が椅子から少し飛び上がるくらい驚きます。一度この衝撃を与えることで、一瞬でその場の空気を凍りつかせることが可能となります。念押ししますが、年に一度、使うか使わないかの話ですが、どうしても必要なときのためにあえてお伝えしています。乱用はやめましょう。

最後が無言の間。**叱ったあと、教師が無言で近づいてくる、というのが一番怖いです。**悪い例は、「おい！何度言わせるんだ！みんなが迷惑するじゃないか！やめなさい！」とまくしたてる叱り方です。これは正直、意味がありません。私の経験上、「おい！」と伝えて5秒間無言になる方が、早口でまくし立てるよりも遥かに効果があると思います。

以上、3つのコツを活用しながら、しっかりと叱れるように教室で何度も練習してください。動画を撮影し、自分で客観的に見て修正を加えるなどの作業を繰り返すことで、本当の意味で冷静に子どもを叱ることが可能となります。

魔法の声掛け、「らしくないね」

とはいえ、子どもを叱るという行為は、教師にとって非常に負担の大きい指導となります。できれば叱ることなく済ませたいです。そんなときに役立つのがこの、「らしくないね」という言葉です。きつく叱る前に、子どもにこう声を掛けます。

「どうした？Ａ君らしくないね。授業に集中しなさい」

この一言です。

『らしくない』という言葉の背景には、「私は君を素晴らしい人だと思っている。本当はちゃんとやれると、信じている」という期待が含まれています。こう声を掛けると、子どもによっては直接叱るよりも効果があります。教師の期待に応えようという気持ちを引きだすことができるこの魔法の言葉は、子どもを指摘する様々な場面で活躍します。

テストの点が下がった子どもに、「どうした？らしくないね」

友人と喧嘩をしてしまった子どもに、「どうした？らしくないね」

これら全ての声掛けの背景には、子どもに対する愛情があります。**叱ることが重要なのではなく、子ども自身が「次は気をつけよう」と反省できることが重要なのです。**

(4)褒める機会を意図的につくる

「すごいですね！　そんなことができるんですか！　是非やり方を教えてください！」

このように褒められると、誰でも嬉しい気持ちになるものです。大人か子どもかを問わず、純粋に自分自身を承認されると嬉しくなります。そして、自分を認めてくれる人に対して信頼を抱くようになります。ここでは、子どもを褒める機会のつくり方について考えてみたいと思います。

まず、褒めるときは可能な限り他の子どもの前で褒めることを心がけてください。こうすることで、より効果的に承認欲求を満たすことができます。

しかし、いざ授業中に子どもを褒めようと思っても、実際に褒める機会はそれほど多くないという相談を受けることがあります。確かに、普通に授業をしていたら褒める機会はそれほど多くはありません。そのため、**授業中は、意図的に子どもを褒める機会を演出する必要があります。**授業中にひたすら教師が話し続けて、子どもはノートをとりながら聞いている、という授業では、メリハリをつけることはできません。これでは褒める機会がないというのも頷けます。

例えば算数や数学であれば、基本例題の説明を終えたら、演習を行う際にこう伝えます。

「次はこの問題だ。解けた人から順番に手を挙げてくれ。では、用意！スタート！」

手を挙げた子の席に向かって教師が走っていき、マルをつけます。この時に大きな声で、「正解！」「そうだ！」「ＯＫ！」「素晴らしい！」「完璧！」「よーし！」「いいね！」「やるね！」「よっしゃ！」「グッド！」と連射型の褒め方で一人ひとりを褒めて回ります。決してゆっくり歩いたり、ノートを持ってこさせたりするのではなく、**教師自らが全力で走り回って丸つけをしてください。スピード感と褒める機会を演出することができます。**

間違えてしまった子に対しては、「惜しい！」と声を掛けて、励ましてください。こうして、全体の7割くらいが解けたことを確認してから解説に移ります。

もし、問題が簡単すぎて一度に5名単位で手が挙がるような難易度の問題であれば、子どもが手を挙げた順に番号を振っていきます。

「できた人から手を挙げて！1番！早い！2番、3番、4番…」と、子どもを手で指しながら順位を振ってあげるだけでも、優越感を満たしてやる気を引き出すことができます。普通に発表させた場合、一度に1人しか褒めることができませんが、こうすることで一度に7割の子どもを褒めることが可能となるのです。

また、最初に前回の授業のチェックテストを取り入れるのも効果的です。このためだけに毎回チェックテストを作成する必要はありません。A4のコピー用紙を1枚配布し、問題は板書して子どもたちに解いてもらえばいいのです。

その後、隣の席の子どもと解答用紙を交換し、それぞれのマルつけをしてもらいます。10点満点で得点を記入してから点数の確認を行いましょう。

「全員起立！よし、じゃあ6点以下の人は着席！はい、7点が合格ライン、合格者に拍手！では、7点は着席！いいね！素晴らしい！続いて、8点の人着席！おお！まだ残る！

え、これもしかして満点いる？9点の人着席！グレイト！全員拍手！」

これであれば全教科対応可能ですし、手間もかかりません。**プリント作成に時間をかけることが重要なのではなく、あくまでも子どもを褒める機会をつくることが重要なのです。**チェックテストで褒める機会をつくりつつ、子どもの学習理解度を確認しながら授業の組み立てを行えますので、一石二鳥となります。

もし、ここまでやる余裕がない授業の終盤では、全員同時に問題を1問解かせます。
「この問題正解した人、全員手を挙げて。はい、OK！いいねいいね！」
一気に正解者全体を褒めて、教室全体が授業内容を理解している空気をつくり出します。

このようにして、ゲーム感覚で褒める機会をつくることで授業にリズムが生まれます。一方通行の演説ではなく、双方向の会話のような授業を展開することが可能となるのです。授業のリズムをうまくつくることができない方は、是非事前に授業全体の中で、3か所以上の褒める機会をつくれているかについて見直してみると良いでしょう。

(5)自信の源となる、プラスの暗示と肯定的ラベリング

思い込みの力というのは非常に強力です。この思い込みの力をうまく使うと、様々なことに挑戦する勇気や積極性を身につけることができます。一方で、間違った思い込みをしてしまうと、「自分にはどうせ無理だ」と感じてしまい、何に対しても消極的で自信もなくなってしまいます。

では、どのようにすれば、子どもに勇気と積極性を身につけさせることができるのでしょうか。自信をもたせるための指導方法について考えていきましょう。

肯定的なラベリング

「小学生の時、足が速いのが自慢だったんだ」

「勉強は苦手だけど、英語だけは得意だったんだ」
「トランプゲーム（神経衰弱）が強いから、暗記は得意だよ」
「背は小さいけれど、バスケットボールが得意なんだ」

これらは全て、過去に自分以外の誰かから認められた小さな成功体験です。子どものころは、親や教師、友人から「すごいね！」と褒められることが自信につながります。自分自身がすごいのか、すごくないのかという判断基準がないため、他の人からかけてもらった言葉を手掛かりにしながら『きっとすごいんだ』と感じるようになります。

このように、**相手に対して『○○が得意だね』と声を掛けることを、肯定的ラベリングといいます。**是非皆さんは、積極的に子どもの良い部分を見つけて、肯定的ラベリングを行ってください。「優しいね」「思いやりがあるね」「頑張り屋さんだね」このような肯定的ラベリングは、子どもの人生に大きなプラスになります。

たとえどんな小さなことであっても、自分が自信をもてることがひとつでもある人は、その小さな自信を根底にもって生きていくことができるからです。

プラスの暗示

私は昔、父の知人から「君は将来、ゴルフがうまくなる腕をしているよ」と言われました。どういう意味なのか全くわかりませんでしたが、何となく褒められているような気がしてとても嬉しかったです。そして、自分はゴルフがうまくなる素質がある、と完全に思い込みました。実際に私がゴルフを始めたのは社会に出てからでしたが、それまでの間、自分はゴルフがうまいはずだという強烈な思い込みが常にありました。一度もやったこともないのに、です。なぜなのか？それは、父の知人に褒められたからです。

しかし、実際にゴルフを始めてみると、これがまた、全然うまくいかないのです。ここで思うわけです。『おかしいぞ。上手いはずなのに、どうしてだ。練習が足りないのか？』その後は、個人レッスンで指導員をつけて、週末になるたびに毎朝練習しました。なぜなのか？それは、私はゴルフが上手いはずだと信じて疑わなかったからです。そして練習を続けた結果、得意だと言える程度には上手になることができました。この時に、「やっぱりうまくなる素質があったんだ」と安心しました。もはや、上手くなれたのは暗示が本当だったのか、練習の成果なのかはわかりません。

このように、『あなたはできる！』『絶対に、うまくいく！』と声をかけることを、プラスの暗示と言います。人は、プラスの暗示が事実と異なった場合、プラスの暗示が間違っていたと感じるか、事実を修正しようとするか、いずれかの行動をとります。

「どうせ無理だ」と思うか、「おかしいぞ？どうすればうまくいくんだ？」と思うかの分かれ道は、肯定的なラベリングがおこなわれているかどうかに依存します。日頃から肯定的なラベリングによって、プラスのイメージがもてている状態でプラスの暗示をかけると、何の根拠もない自信につながるのです。

根拠のない自信と言いましたが、自信には根拠は必要ありません。一度もやったことがなくとも、何となくある、というのが自信です。もしそこに明確な根拠があれば、それは確信になります。そしてこの、**『根拠のない自信』をもたせてあげるために、肯定的ラベリングやプラスの暗示が必要**となるのです。

私もこれまで多くの子どもたちを見てきましたが、自分に自信があるかないかは、誰かに認められた経験や、小さな成功体験があるかどうかに強く依存すると感じています。

第1章　まとめ

▼授業開始から10分間で、子どもの興味を引き出そう
▼難しい説明ほど、身近にあるものを利用して簡単にたとえよう
▼非言語情報を駆使した伝え方で、子どもたちの集中力を高めよう
▼相手に行動してもらいたいときには、相手のメリットを伝えよう
▼わかりやすく伝えるためには、短く、具体的に伝えよう
▼教師自身が、魅力的な大人の背中を子どもたちに見せよう
▼クラスの中に、ヒーロー、ヒロインをつくろう
▼プロの褒め方、①連射型、②狙撃型、③間接型、の3つを活用しよう
▼叱る時は、①その場で、②短く、③事実を、指摘しよう
▼叱ることと、期待掛けは、必ずセットで実施しよう
▼褒める機会は、意図的につくりだそう

第2章

教師のための プレゼンスキル

対保護者編

第2章　教師のためのプレゼンスキル　対保護者編

1　電話や面談で信頼を得るためのスキル

(1) 一流教師が備えるべき、5つの資質

教師という言葉は、教科指導を行う人物を指すものではありません。また、職業を指すものでもありません。**教師とは、生き方そのものです。**自分以外の誰かのために、どこまで真剣になれるか。それこそが教師という生き方であり、本質なのではないかと思います。

私が新人教師の頃に先輩上司から、一流の教師には備えるべき5つの資質がある、と教えられました。5つすべてを身につけていることは、良い教師としての必須条件ともいえます。ここでは、どのような視点で自己研鑽を行っていけばいいのかについて、考えていきましょう。

教師は、五者であれ

①医者

教師は、子どもたちにとっても、保護者にとっても、優秀な医者でなければなりません。子どもたちは、友人関係、部活、受験、将来への不安など、様々な悩みを抱えます。同様に保護者も様々な不安を抱きますので、相手に寄り添ってしっかりと話に耳を傾け、適切なアドバイスを出さなければなりません。

もちろん、状況によっては聞き役に徹するだけでいいこともあります。**困ったときに、そっと背中を押してくれる、頼れる存在。**そんな教師に対して信頼感をもちます。

②学者

教師は、自分自身の担当教科に対する、深い知識をもった学者でなければなりません。**指導にあたる際には、１を指導する背景に10の知識をもっていたい**ものです。毎回、少ない知識をすべて出し切って指導していては、子どもたちから鋭い質問があったときに、知的好奇心を満たすことができません。

プロの料理人が調理器具の手入れをするのと同様に、プロ教師は常日頃から学習し続ける姿勢をもたなければなりません。

③易者

教師は、子どもたちの未来を照らす、易者でなければなりません。このまま進むと落とし穴があるのであれば、真っ先にそれを伝えるのが教師です。

時には厳しい助言をすることもあるでしょう。しかしそれは、子どもたちに明るい未来を切り開いてもらうために必要な助言です。**教師が予測した未来を伝えると同時に、より良い未来を創るためのアドバイスを伝えてください。**

④芸者

教師は、子どもたちの笑顔を引きだし、明るい教室をつくる、芸者でなければなりません。人は誰でも、楽しいことを好きになり、好きなことが得意になります。**もし子どもたちに学習する楽しさを知ってもらいたいのであれば、担当教師による、明るく、楽しい、興味を引き出す授業が必要不可欠です。**

実は、子どもたちの勉強の好き嫌いは、指導にあたっている教師が面白いと感じさせる授業を行えているか否かに強く依存します。そして、子どもが信頼している教師は、保護者からも信頼されるようになります。

⑤役者

教師は、その時々で適切な役割を演じることのできる、役者でなければなりません。叱る時は鬼の形相を演じますし、褒めるときは最大限の愛情と承認を表現します。

自分の感情のままに指導にあたっていては、教師としては三流です。常に自分自身を客観的な視点で評価しながら、求められる役割に入り込んで演じるのです。

教師が演じる一つひとつの表情を、保護者もしっかりと見ています。

以上、教師に求められる資質として、代表的な5つをあげさせていただきました。教師たるもの、授業だけができればいいというわけではありません。子どもたちとの日々の関わりの中で、求められる役割は非常に多岐にわたります。大変だと感じることもありますが、子どもの人生を左右するほどに重要な役割を担います。

是非、自分自身の教師としての姿が、五者の役割を全うできているかについて、振り返る機会を設けてみてください。

(2)保護者面談で会話を引き出す、質問の技術

保護者面談は、子どもと保護者の両方から話を聞くことができる、貴重な機会です。子どもの状況を正しく把握しなければ、教師としてのアドバイスは一方的な押し付けになってしまいます。**正しい指導のためには、正しい状況把握が必要不可欠なのです。**この重要な面談の機会を、ただ何となく過ごすか、問題解決に向けた有意義な場にできるかは、全て教師の質問力にかかっています。ここからは、保護者面談の際に押さえておきたい質問のポイントについてお伝えしていこうと思います。

質問の仕方が、答えを決める

保護者面談でありがちな教師の質問として、次のようなものがあります。

「ご家庭でのA君のご様子はいかがでしょうか？」

この質問、保護者は何と答えればいいか悩みます。なぜなら、特別何か変わったこともなく、子どもは宿題をやり、ご飯を食べ、部屋で過ごしたあとに寝ているからです。

「何か心配なことはありますか？」

この質問も、答える側からすると非常に困ります。家庭での自主学習の時間をもう少し増やしてほしいとは思いますが、保護者面談でわざわざ相談しなければならないほどの大きな心配ではないような気がします。

これらの質問は、残念ながら相手から答えをうまく引きだせない質問の仕方です。**質問された側が、答えにくい聞き方になってしまっているのです。**

例えば、皆さんが同僚から「最近どうですか？」と聞かれたら、どう答えますか？

「どうといわれても、普通です」と答えたくなりませんか？

これが答えにくい質問の典型的なパターンです。**答えにくい質問になってしまう原因は、抽象的な質問の仕方にあります。**抽象的な質問は、質問に対する答えの選択肢が非常に多岐にわたるため、回答の負荷が大きくなってしまうのです。

「最近どうですか？」ではなく、「引き続きA中学校にお勧めですか？」と質問すると、グッと答えやすくなります。この質問は、相手がYESかNOで答えることができるため、回答の負荷がとても小さいのです。

このように、具体的に質問するということを意識して、先ほどの質問を見直してみます。

（×）「ご家庭でのA君のご様子はいかがでしょうか？」
（○）「ご家庭でA君に任せているお手伝いはありますか？」「家庭学習の時間は、どれくらいとれていますか？」「志望校は既に決まっていますか？」等
（×）「何か心配なことはありますか？」
（○）「苦手だと話している教科はありますか？」「苦手な教科を克服するために、何か行動していますか？」「受験に対して不安を感じることはありますか？」等

質問を具体的にすることで、質問に対して回答しやすくなったことがおわかりいただけたでしょうか？

このように、**相手がYESかNOで答えることができる質問から始めると、回答のハードルが低くなります。その後、お互いの関係性が構築できてから、少し答えにくい質問を投げかけていくようにします。この順番が大切です。**

保護者面談で行う質問には、2つの目的があります。

①状況を確認する
②課題を明確にする

実は、前述の質問も、この2つの目的を達成するための質問になっていました。

皆さんも保護者面談では、この2つの目的を踏まえて、相手が答えやすい質問を行うように心がけてください。お互いの会話が弾み、普段聞くことができないご家庭の声を聞くことができることを実感いただけるはずです。

(3)保護者面談の前に整理しておくべき、KPT

保護者面談の前に、何かしらの準備をすると思います。具体的に、どのような準備をしていますか？準備は、何でもいいからとにかくやればいいというものではありません。では、どのような準備を行えばいいのでしょうか？

これまでを振り返り、今後の取り組みを決めるために、効果的な面談の準備方法をお伝えしていこうと思います。

準備に必要な3つの視点とは

面談の準備で必要となる視点は、３つあります。

①上手くいっていること（Keep）

②改善が必要なこと（Problem）
③今後、挑戦したいこと（Try）

これら３つの頭文字をとって、ＫＰＴといいます。

教師の視点から見た、**それぞれの子どものKPTを事前に整理し、具体的な根拠とともに話せるよう準備をしておくのです。**それぞれを順番に見ていきましょう。

①上手くいっていること（Keep）

まずは、子どもが頑張って取り組んでいることや、学校で発見したいいところを整理します。家庭では見せることがない子どもの一面を共有すると、学校ではしっかり我が子を見てくれているという安心感を保護者にもってもらえます。

このとき、**『優しい子です』や『責任感の強い子です』と抽象的な表現をしないように注意してください。**誰にでも当てはまる話を聞きたい人などいません。具体的な事例を挙げながら、「先日の学級活動の時間で、Ａ君がこんなことをしてくれました」といったように褒めることを心がけてください。

当然のことですが、褒められて嫌な気持ちになる人はいません。保護者面談で初めて顔を合わせる保護者の方もいらっしゃるはずです。**お互いの距離を縮め、安心できる環境を整えるためにも、まずは子どものいいところを話題に出すのがおすすめです。**

②改善が必要なこと（Problem）

続いては、子どもに改善を促したい点を整理しておきます。これは、教師から見て、『ここを改善するともっと良くなる』、『子どもがこんな壁に向き合っている』という状況を保護者に共有するためです。

2つ目の話題にした理由は、保護者にとっても子どもにとっても嬉しい話ではないからです。**関係性が構築できていない人からいきなり否定的な話をされると、相手は拒否反応を示します。**こうなると、そこから先の話を聞き入れてもらうことも、心を開いて本当のことを話してもらうことも、できなくなってしまいます。

ですから順序としては、まず上手くいっていることを伝え、その次に改善点を伝えます。**全く同じことを伝えていても、伝え方や、伝える順序によって受け手の反応は大きく変わ**

ります。

③今後、挑戦したいこと（Try）

改善が必要なことを伝えても、具体的に改善策を提示しなければ、子どもも保護者もどのように取り組めばいいのかわかりません。ですから、ここでは**指摘した改善点を踏まえて、どのように取り組んでいけばいいのかについて整理をしていきます。**

改善策は、子ども自身に考えさせるために、面談の中で「これからどうすればいいと思う？」と問いかけていくことが必要です。しかし、教師の視点からの改善策を提示する手助けが必要な状況もあります。あくまでもひとつの方法に過ぎませんが、『こんな風に取り組んでもいいよね』というアドバイスを準備しておくと良いでしょう。

以上、３つの視点で保護者面談の準備を行います。そして当日も、ＫＰＴの順に話を進めるとわかりやすい面談になります。実践的な振り返り方法ですので、是非面談準備に活用いただき、信頼される教師を目指してください。

2　保護者会で自分の緊張を緩和させるためのスキル

(1)緊張の3つの正体を明らかにする

普段から子どもたちの前で授業を行っているものの、保護者を目の前にすると緊張してしまう、という相談を多く受けます。緊張するという状況について考えたところ、大きく3つの原因に分かれることが判明しました。

①プレゼンの失敗
②聞き手の興味不足
③質問への対応の失敗

3つの緊張の正体のうち、皆さんの緊張がどれに該当するのか考えてみてください。そして、それぞれの対策を行うことで、緊張から解放されましょう。

①プレゼンの失敗

最初に、失敗することに対する緊張があります。『間違えてしまったらどうしよう』『話すことを忘れてしまったらどうしよう』という類の緊張です。

これについては、大きく２つの解決策があります。

ひとつは、もっと練習することです。**間違える時点で、最初から最後まで通しで話をする練習量が不足している可能性が高いです。**私はプレゼンの前に、必ず当日と同じ環境で何度も練習を行い、自分のプレゼンを動画で撮影します。自分に緊張感を与えながら、動画を撮影することで、話し方の癖や改善箇所を客観的に捉えることができるからです。**何度も繰り返した練習こそが、強い自信につながります。**

もうひとつの解決策は、気にしないことです。実際、聞いている人は『正しい原稿』を見ながら聞いているわけではありません。つまり、あなたが何を話すかについては知る由もないのです。ですから当然、**あなたが仮に間違えたとしても、話すことを忘れたとしても、保護者がそれに気付くことはできません。**失敗自体が聞き手に気付かれないのですから、失敗という状況は存在しません。安心してください。

②聞き手の興味不足

続いて、もし聞き手が話に興味をもってくれなかったらどうしよう、という緊張があります。ここで皆さんに知っておいていただきたいことがあります。それは、**表情には出ていなくても、意外と興味をもって話を聞いているケースは多い**という事実です。

私も以前、全くリアクションのなかったプレゼンの後で、恐る恐るアンケートを確認したことがあります。すると、想像していなかったような喜びのコメントで埋め尽くされていたのです。聞き手のリアクションだけを基準に、相手の興味を判断してはいけません。

そうはいっても、1人も味方がいない状況では不安になるのもわかります。そこでおすすめしたいのは、**『聞いてくれている人を探して、その人に向けて話す』ということです。**断言できます。10人の聞き手がいれば、その中の最低10%、1～2人程度は話を聞きながら頷き、笑顔を送ってくれる方が存在します。私の経験上、必ずいます。ですから、まずはその人を探してください。そして、興味をもって聞いてくれている人に向けて全力で伝えてください。すると、安心して話すことができます。

③質問への対応の失敗

最後の緊張は、聞き手からの質問に答えられなかったらどうしよう、という緊張です。**事前にどんな質問が出るかを予測し、準備しておく必要があります。**まずは準備を念入りに行いましょう。

しかし、それでも答えられなかったらどうするのか？**「すみません、即答できないため、調べたうえで正確にご回答させてください」と、ハッキリと答えてください。**これは、何も悪いことではありません。中途半端に不確実な情報を答える方がはるかに無責任です。そして、このように伝えたら必ず、後日電話やメール、手紙で回答してください。こうすることで、責任をもって対応してくれる誠実さを伝えることができますし、何より正しい情報を答えることができます。

緊張の正体は3つしかないと考えると、緊張感も和らいでくるから不思議です。緊張の正体を捉えて、対策を行うことで、自信をもって保護者会に臨んでください。

(2)本番の仕上がりが劇的に変わる練習方法

皆さんは、プレゼン（保護者会）の練習をどのように行っていますか？　準備はするけれど練習はしない、という方もいらっしゃるかもしれません。私は、もしプレゼンの練習をしなかったら、と想像すると、怖くて仕方がありません。

30名の保護者に対する保護者会も、100名の社員に対する企業研修も、１０００人で会場が埋め尽くされた講演会も、全く同じです。**聞く人の貴重な時間をいただいているのですから、話し手から聞き手に対する付加価値の提供ができなければ意味がありません。**この感覚がなくなってしまったら、話し手としての成長はなくなります。

例えば、民間の塾であれば、指導力のない教師は授業を担当することができません。子どもや保護者を対象とした教師アンケートが実施され、教師に対する率直なフィードバックを得るからです。『A先生の授業は、つまらないから眠くなる』、『B先生は、指導の仕方が下手なので交代してほしい』といったコメントとともに、教師としての在り方を考え直すことになるのです。こうなると必然的に、指導力、教師力を見直さなければなりませんので、誰もが必死で自分の授業やプレゼンの質を高めるための自己研鑽に励みます。

このような、**自己のスキル向上に対する姿勢は、すべての話し手がもつべき**だと思います。是非皆さんは、正しい練習によって自身の価値を高め続けてください。

効果的なプレゼンの練習方法

私がよく受ける質問のひとつに、『どのような練習をすればいいですか?』という質問があります。本番で上手くいくための練習には、重要なポイントがあります。それは、**動画を撮影するということ**です。

皆さんは、自分が話している姿を見たことがありますか?授業中の様子をすべて動画で撮影して、確認したことはありますか?自分がイメージしている自分の姿と、実際の姿には、乖離があると知ることがとても大切です。聞き手に対して与える印象は、**何を話して**

いるか以上に、『どのように見えるか』という非言語情報が重要な場合が多々あります。

無表情で、目を合わさずに話していないでしょうか。話す速さは、相手にとって聞きやすいスピードでしょうか。声の大きさは、相手に聞こえる大きさでしょうか。こういった情報次第で、話し手の自信のなさや頼りない印象が聞き手に伝わってしまいます。**一つひとつの動作を確認するためにも、しっかりと自分が話している様子を動画で撮影し、客観的な視点で見てください。**そして、できれば家族や同僚にも見てもらって、話している印象についてのアドバイスをもらうと、さらに効果的だと思います。

話をわかりやすくするための、ノイズカット

動画を確認する際に、特に注意深く確認していただきたい点があります。それが、『ノイズ（邪魔な言葉や、動き）』です。

言葉のノイズとしてよくあるのは、「あのー今日は、えーお忙しい中、えーお越しいただきまして、えー誠にありがとうございます」といった話し方に代表される、言葉のひげ

です。これは聞いていてとても違和感があります。「えー」しか耳に入らなくなり、他の話が頭に入らなくなることすらあります。**「えー」「えーっと」「あのー」「そのー」などの言葉のひげは、動画で確認すればすぐにわかります。**言葉の間をつなぐことで安心しようとするため、このようなノイズが発生してしまうのです。**自分が不安な無言の間を恐れるのではなく、相手にとって聞きやすい話し方を追究しましょう。**

動きのノイズも注意が必要です。だらしのない立ち方や前傾姿勢は、聞き手に頼りない印象を与えます。ブラブラと動かしている腕は、聞き手の集中力を妨げます。何度も髪の毛を触るなど、普段の癖も聞き手のノイズとなります。**話を聞くことの邪魔となるノイズのカットを、徹底的に行ってください。**そのためにはまず、自分が生み出しているノイズを知ることです。

プレゼンの練習では、本番と同じ環境で練習することも大切なポイントです。本番で使用する機材を使い、本番と同じ場所で、本番と同じように練習するのです。こうすることで、安心して自分のプレゼンに集中することができる環境を整えます。本気の練習が、あなたのプレゼンを大きく変えることをお約束します。

⑶高速アイスブレイクで場の空気をコントロールする

保護者会の緊張を増幅させる条件のひとつに、『話しにくい雰囲気』があります。

もし聞いている人全員が、ニコニコ笑顔で頷きながら話を聞いてくれていたとしたら、これほど話しやすいことはありません。

しかし現実は、
・初めて会う教師を前に、どんな人なのだろうかと、じっと見ながら評価している
・それほど興味がないため、教師を見ることもなく下を向いている
といったケースの方が多いです。

このような状況を変えるために必要な取り組みについて考えていきましょう。


開始からの10秒が、その後のプレゼンを左右する

会場の雰囲気は、プレゼンを行う上でとても重要です。**聞き手がつくり出すその場のムードこそが、プレゼンの成果を左右すると言っても過言ではないでしょう。**

にもかかわらず、会場のムードをつくることなく、いきなりプレゼンを始めてしまう人が多いのがとても不思議でなりません。聞き手が最も話し手に対して興味をもっているのは、プレゼン開始直後。この瞬間を逃す手はありません。何としても、自分が話しやすい雰囲気をつくることに全力を費やしてください。

意識したいのは、『保護者も同じように緊張している』ということです。そこで、まずは聞き手の緊張を緩和させることから始めると、話しやすくなります。

高速アイスブレイクによるムードづくり

お互いの緊張を解きほぐす行為を、アイスブレイクと表現します。お互いの間にある氷の壁（アイス）を壊すこと（ブレイク）で、場を和ませてコミュニケーションがとりやすい雰囲気をつくる、という意味です。通常アイスブレイクには数分かけますが、あまり時間に余裕のない保護者会では、これをできる限り短時間で行います。

使う時間は約10秒。この**10秒で、聞き手にリラックスしてもらい、笑顔にします。**話しはじめは教師も緊張しますので、最初の10秒の高速アイスブレイクは完全に暗記してください。当日も練習と同じように話し始めます。こうすれば、プレゼンの最初をいきなり忘れたり、間違えたりする心配はありません。

例えば、あがり症の方であれば緊張していることをそのまま伝えてみましょう。

『皆さん、先ほどからものすごく真剣なお顔でご着席いただきありがとうございます。私、正直なところ、教室の皆さんを見た瞬間、緊張してきました。どうぞ皆さん、温かい笑顔で見守ってください。…あ、まだ怖いです。そうです、ありがとうございます。その笑顔に救われます。本日はどうぞよろしくお願いいたします』

緊張しているということを開き直って伝えることで、聞き手がそれを受け入れてくれる態勢をつくることができます。

また、次のような始め方もあります。

『皆さん、本日はありがとうございます！3年2組担任の、松永俊彦です。好きな言葉は夢と挑戦。嫌いな食べ物はセロリです。よろしくお願いいたします！』

シンプルですね。シンプルですが、とても深いです。最大のポイントは、このセリフを大きな声と、全力の笑顔で伝えることです。前半は元気の良さと明るさで笑顔を引き出し、中盤で熱い想いを語り、終盤では謎の情報提供でボケることで、場の空気を和ませます。

高速アイスブレイクのゴールは、『この場では、笑っても大丈夫』という心理的安全性をつくり出すことです。とにかく真剣に聞かなければならない、というスタンスで聞かれると、話す側としても非常に話しづらくなるので、教師が求める場の雰囲気を自らつくり出してください。もちろん、あえて緊張感を高めた場の雰囲気をつくることもあります。

大切なのは、教師が主体的に場の雰囲気をコントロールできていることです。

⑷会場で味方を見つけて、その人に向けて話す

前項でも述べましたが、複数の人の前で話すときの不安のひとつに、『自分の話に、誰も興味がなかったらどうしよう』というものがあります。これはとてもつらいです。誰一人顔を上げることなく、下を向いたまま、頷くことも、笑顔になることもないとしたらどうでしょうか。自分一人で淡々と話し続けるというのは、もはや拷問です。

このような状況を防ぐための具体的な方法について、ここからお伝えしていきます。

本当に誰も興味がないのだろうか？

先述の通り、私の経験上、**どんな話であっても聞き手のうち最低10％は、真剣に話を聞いてくれます。**騙されたと思って、目の前の聞き手をよく観察してみてください。

皆さんが、「誰も話を聞いてくれない」と不安になる気持ちはよくわかります。人は誰しも、上手くいっていることよりも、上手くいっていないことに目が行きます。例えば、**10人中1人が話を聞いてくれていたとしても、9人が聞いていないことの方が問題だと感じてしまうものなのです。**

しかし、考えてみてください。基本的に、他人の話に興味がある人などいません。にもかかわらず、あなたの話を聞いてくれる人がいるのであれば、それはとても有難いことです。こう考えれば、**9割が興味のないことを嘆くのではなく、1割が聞いてくれていることに感謝することができます。**

たった1人の味方に対して届ける

プレゼンを開始したら、最初にやること。それは、あなたの味方を探すことです。会場全体に視線を振りながら、あなたの話に頷いてくれている人や、笑顔でリアクションを取ってくれている人を探します。

聞き手が大人数の場合、どこを見ればいいのかわからないという方もいらっしゃいますので、効果的な視線の振り方を確認しておきます。私が小学生のころ、『一番後ろの壁を見て話しなさい』と先生から教わりましたが、これはやめておいた方が無難です。なぜなら、後ろの壁を見ていることは聞き手から見ると簡単にバレるからです。

ここでも、第1章でご紹介しました四区画視線分配法を活用しましょう。聞き手が全部で40名いるとしても、4分割すれば1区画は10名です。**40名を一度に見ることはできなくても、10名であれば可能です。**このように、**聞き手を小さな単位に分割することで、全員とアイコンタクトを行いながらあなたの味方を探してください。**

こうして、あなたの話を一生懸命聞いてくれている人を見つけ、その人に対して届けるつもりで、精一杯想いを伝えてください。**聞いていない人に聞いてもらおうとするよりも、興味のある人に精一杯届けるという姿勢で取り組むことで、あなたの緊張感を和らげることができます。**私はこれを、For you 理論と呼んでいます。

たった1人であっても、興味をもって聞いてくれている人に向けて話すと、プレゼンがとてもやりやすくなります。まず、プレゼンの間、**常に『求めてくれる人がいる』と感じ**

続けられること。これは、話し手としては非常に心強いです。誰にも必要とされていない話を続けるとすれば、鋼のメンタルが必要不可欠となってしまいます。

加えて、興味をもってくれている人と会話するように話すことで、**聞き手の理解度に合わせたプレゼンの進行速度を保つ**ことが可能となります。相手が理解しているのか、疑問を感じているのか、情報をキャッチしながら話すことができます。時には、「ここまでで何か疑問はありますか?」「どんなことでも結構です、確認しておきたいことがありましたら手を挙げてください」と、理解度の確認を行いましょう。

つい話に熱がこもり、聞き手をおいてけぼりにした一方的な話し方をする人を目にすることがありますが、これは絶対にNGです。**プレゼンとは、あなたが話したいことを話す場ではありません。『相手が聞きたいと思うことを話す場』です。**このことをしっかりと頭において、双方向のコミュニケーションを心がけてください。

積極的なアイコンタクトを行うことで、そこにいるあなたの味方を見つけてください。そして、For you の精神で、聞き手に対して最高のプレゼントを届けてください。

(5)自分が何を伝えるかではなく、相手にどんないいことがあるのかを伝える

プレゼンでは、**自分が話したいことだけを話しても、相手には伝わりません。**

なぜなら、人は自分が興味のある話にしか耳を傾けないからです。例えば今から、私の趣味である釣りの話を始めるとします。あなたはこの話にご興味ありますか？

「え？プレゼンの本だと思って読んでいるのだから、釣りの話なんて時間の無駄だ」

そうは思いませんか？

これは保護者会でも全く同じです。**参加者にとって興味のない話が続いた場合、聞き手はイライラし始めます。**このような状況に陥らないために、聞き手に興味をもってもらいやすい伝え方についてここからお伝えしていきたいと思います。

動機づけによって、自分に関係のある話だと認識させる

私が、どうしても釣りの話をしたいとしましょう。一方で、聞き手は興味がありません。このとき、どうすれば聞いてもらうことができるでしょうか？その答えは、動機づけの有無にあります。

『あなたにとって、なぜ今、釣りの話が必要なのか？釣りの話がどのようにあなたの課題を解決することができるのか？』

これについて、しっかりとお伝えすることで、必要性を感じて聞いてもらうことができるのです。例えばこんな感じです。

「教師に必要な、話す力。これは、ただの雑談力ではありません。相手を巻き込みながら、理解・行動を促す力です。実は私の趣味は釣りなのですが、この釣りで学んだ3つのことが、そっくりそのまま教師の話す力につながっていることに気付いてしまいました。嘘だと思いますか？最後にもう一度、私は同じ質問をします。是非、疑いながら聞いてみてください。あなたはこの話が終わるころには、2つのスキルを身につけています。ひとつは教師としての話す力。もうひとつは、釣りのコツです。さぁ、早速始めましょう」

少し強引でしたが、このように、相手が聞きたいことを予測し、それに対して動機づけを行いながらプレゼンを行います。この動機づけがないまま話し始めてしまうと、興味のある人は聞き、興味のない人は聞かないという状況になります。

動機づけを行うときのコツをひとつお伝えしましょう。それは、**『相手を主語にして伝える』**ということです。自分がどうなるのかをイメージできなければ、人は動きません。

（×）この手法は、体系的であり、再現性がある伝える技術です。
（○）あなたは、この話が終わるころには、２つのスキルを身につけています。

前者は、私にどんなことができるのかという説明をしています。売れない営業がやりがちな提案方法です。あなたが**『会社への通勤時間を短くするため』**に、不動産屋さんに物件探しにいったとします。その時に、次のように提案されたらどうでしょうか？

「こちらは、新築の物件です。間取りもゆったり８畳。収納も充実していて、お風呂とトイレは別。洗面所も広いです。キッチンにコンロが2ヶ所あるのもいいですね。オートロック付き、インターフォン有りなのでセキュリティ万全です。しかも4階なので、虫も少なく快適です」

とてもおすすめの物件であることはわかりますが、あなたの聞きたい話には一切触れていません。あなたは、『通勤時間を短くしたい』のです。一番聞きたい提案は、「あなたは、今よりも通勤時間が20分短くなります。これで、今よりも充実した朝の時間を過ごすことができますね」といった内容ではないでしょうか。

保護者会も同じです。まずは、相手が今何に困っていて、何を聞きたいと感じているのかを考えてから、自分が話す内容を設計してください。そして、**あなたに必要な話だということを動機づけてから、その日のテーマを話し始めなければ、聞き手を引きつけることはできません。**

3　保護者会、面談の満足度を高めるためのスキル

(1)聞き手に負担をかけない、シンプルな話し方がカギ

保護者会や面談に、参加して良かった、と満足してもらうためには、絶対に避けては通れない3つのポイントがあります。ここからは、この3つのポイントについてお伝えしていきたいと思います。最初のポイントは、『シンプルな話し方』です。

聞き手に不満を感じさせる原因

『話が長く、結論が見えない話を聞かされている』

これは、聞き手に不満を感じさせる大きな要因のひとつです。忙しい中、時間を割いて保護者会に参加したにもかかわらず、何を言いたいのかよくわからない話を長々と聞かされたとすれば、誰でも不満を感じます。当たり前の話ですが、人は無駄な時間を過ごした

いとは思わないのです。

ゴールが見えない話をされると、聞いている人は、「今、この人は何の話をしたいのだろう」と考えながら話を聞かなければなりません。その分、受け手の負担が大きくなるため、努力しながら聞き続けるか、聞くのをあきらめるか、いずれかを選ぶことになります。努力しながら聞いた場合には、「わかりにくい説明だった」という感想をもち、聞くのをあきらめた場合には、「意味がないからもう参加しない」という感想をもちます。

このような状況を避けるために大切なのは、『伝えたいテーマのポイントを、シンプルに表現すること』です。具体的にお伝えすると、

・要点を3つ以内に絞る
・最初にその3つが何なのかを伝える
・プレゼン全体のタイムテーブルを共有する

となります。こうすることで、話そのものを簡単でわかりやすくできます。

例えば、中学3年生の保護者に対するその年最初の保護者会で、受験生としての心構えと取り組みについて話すとしましょう。要点を絞らずに話し始めると、とりとめのない話

になり、話が全て終わるまで今日のテーマの全体観をつかむことができません。

一方、要点を3つに絞った場合、プレゼンの最初にこのように伝えることができます。

「本日は、受験生としての1年間の過ごし方についてお話しさせていただきます。テーマは3つあります。①学校での授業について、②ご家庭での過ごし方について、③志望校決定までの手順について、の3つです。それではまずは、①学校での授業について、からお話しさせていただきます。ポイントは、復習重点指導です」

こう伝えることで、保護者は**心の中で、「3つのテーマのうちの、今は1つ目の話をしているのだ」、と確認することができ、保護者会が終了した後もポイントを振り返りやすくなります。**何が大切な話なのか、何の話をするのか、事前にハッキリとさせ、プレゼンの冒頭で伝えるようにしましょう。

また、**タイムテーブルの共有を行うと、聞き手に安心感を与えることができます。**何時まで続くのか、途中で質問していいのか、会が終わってから個別で質問するのか、質問の時間があるのかなど、不安を感じながらでは真剣に話を聞くことなどできません。

ですから、必ずプレゼンの最初にタイムテーブルを共有しましょう。**黒板に書いておくと、さらに親切**です。伝え方としては次のようになります。

「本日は、15時から16時までの1時間、保護者会のお時間を予定しております。前半の30分間で、本日の3つのテーマについてお話しさせていただきます。その後、15分お時間を取りまして、疑問点や質問についてお答えさせていただきます。是非、皆さんが感じた疑問を全員に共有してください。会自体は45分で終了としますが、その後私は教室におりますので、個別でご相談がある方はそのまま教室に残ってください。お時間のご都合が悪い方は、前半30分のみのご参加で結構です」

こうすることで、参加者は安心して保護者会に参加することができます。ひとつ補足しますと、**予定時間より早く終わると感謝されますが、オーバーするとクレームになる可能性があります。**参加者を不安にさせない、シンプルな話し方を心がけてください。

(2)サプライズなくして、感動はない

２つ目の保護者会満足度を高めるスキルは、『サプライズの演出』です。

忙しい中、時間をつくって保護者会に参加してくださった方は、その会に何らかの期待をもっています。この期待を超えるために有効な取り組みについて、ここからお伝えしていこうと思います。

期待を超える方法

とても簡単な２つのステップで、相手の期待を超える方法をお伝えします。

①相手の期待の把握

まずは①、相手が求めている期待の把握が必須となります。

多くの方が勘違いしているのですが、**相手が喜びそうなことさえすれば、満足してもらえるかといえば、決してそんなことはない**のです。

例えば皆さんが、お付き合いしている異性の誕生日プレゼントを選ぶ場面を想像してみてください。どのように選ぶでしょうか？


「女性は花が好きだ。やっぱり、バラの花束が一番うれしいはずだ！」

「彼はアクセサリーが好きだ。ネックレスを送ろう！」


このように、相手が喜びそうなものを選ぶのではないでしょうか。カップルであれば、相手のことを考えてプレゼントを選ぶという過程そのものに意味があるので、何を渡しても『喜ぶ』はずです。

しかしです。『正直な話、そのプレゼント、心の底から本当に満足しましたか？感動しましたか？』と聞いてみると、恐らくほとんどの方は『本当は、他のものがよかった…』というのではないかと思います（あくまでも個人的な感想です）。


「バラって…　なんでバッグにしてくれなかったの…」

「え〜、このネックレスよりも、別のものが欲しかったのに…」

このように、喜びという感情と、満足という感情は、別です。確かに行為そのものは嬉しいですが、満足はしていないという状況に陥ってしまうことがあります。

では、どうすれば相手を満足させることができるのでしょうか？答えはとても簡単で、直接聞けばいいのです。「何が欲しい？」と聞く。たったこれだけです。

保護者会も同様で、**まずは相手が何を期待しているのかを正確に把握することで、確実に保護者に満足してもらうことができます。**事前にアンケートをとって意見を吸い上げてもいいですし、当日その場で興味のあるテーマに対して挙手をしてもらってもいいでしょう。このように、**相手が求めている期待がわかるからこそ、その期待を上回るためのアイデアを生み出すことができるのです。**

②サプライズの演出

続いて、②サプライズの演出です。**参加してくれている方に対する特別感を演出することによって、満足度はさらに高まります。**

例えば、せっかく時間をかけてつくった学習計画プリントを配付するとしましょう。黙って配ったら、ただの配付物です。しかし、このように伝えたらどうでしょう。

「皆さんのお子さんは、やればできる子ばかりです。勉強のやり方さえわかれば、伸びると感じることが多々あります。ですから、今回保護者会に参加いただいた皆さんのために、私のオリジナル監修で、夜なべして学習計画プリントを作成しました。ただの計画表だと侮ってはいけません。実はこれ、数々の成果を生み出してきた、信頼と実績のスペシャル行動計画表なのです。1部ずつ手にお取りください。2部はだめですよ（笑）では、効果的な家庭学習について説明していきます。」

こうすることで、**つくり手の想いや、特別なものであるということを伝えることができるでしょう。**『**人にもの、ただやるにさえ上手下手**』**という言葉を聞いたことがありますが、まさにその通りです。**恩着せがましい言い方をしすぎるのは逆効果ですが、せっかく参加してくださった方を大切にしたいその気持ちに嘘はないはずです。

「参加して良かった！次回も参加しよう！」そう思ってもらえるような保護者会には、秘密があります。参加者の期待を正しく把握した、特別感の演出。難しいことではありません。是非、できることから取り組んでみてください。

(3)情緒的なコミュニケーションを意識する

保護者会に参加した保護者から、次のような声があがることがあります。

「わざわざ時間をつくってまで参加する必要はなかった」

「プリントを読み上げるだけなので、最初からプリントを配付してくれたらそれでいい」

「動画で配信してくれればいいのではないか」

おっしゃる通りですね。

人を集めて実施する手間をかけているのですから、**形式的に実施する必要があるという理由だけで保護者会に参加してもらうのは無理があります。**特にこれからの時代は、直接その人に会う必要性の低いイベントは、実施機会そのものが減少していくのではないかと私は考えています。

どのような価値を提供できるのか

相手の時間を奪っているという意識を強くもつことができれば、話し手としての自己研鑽が必要不可欠であるということに気付けると思います。今後保護者会がどのような開催方式になったとしても、**参加者の時間をいただいている以上、どのような価値提供がおこなえているのかという視点は極めて重要になります。**

もし、『保護者会とは、保護者に有益な情報を提供することこそが価値である』と考えているとしたら、どうでしょうか。情報の提供であればプリント配付で十分ですし、動画配信による視聴でもいいかもしれません。これだけ多くの情報が飛び交う時代ですので、逆に保護者の方が学校情報などに詳しいことも多いです。情報格差だけでは価値になりにくいのではないかと思います。

では一体、何が保護者会の価値となり得るのでしょう？

私は、情緒的なコミュニケーションこそが対面することの価値だと考えています。

・何を言うかではなく、誰が言うか
・何を伝えるかではなく、どう伝えるか

このように、一見すると合理的でも論理的でもない、情緒的、感情的なコミュニケーションの中に、人としての魅力や安心を感じることができると思うからです。

保護者は決して、保護者会で何か特別な情報を得たいだけではありません。学校生活の近況報告を長々聞きたい人も多くはいないでしょう。

『この先生は、どんな想いをもって生徒指導に取り組んでいるのだろう』

『この先生は、信頼に値する教師なのだろうか』

このように、**教師の人間性を知り、安心感や信頼をもって我が子を預けたいと考えているはずです。**このことをしっかりと理解しておかなければ、配付する資料の作成や、話す内容の準備や練習にばかり終始し、『人間関係の構築』という、参加者が期待する最大の目的を達成することなく保護者会を終えてしまうことになりかねません。

ではどうすればいいのか？

保護者会では、自己紹介であなたの物語（ストーリー）を語ってください。あなたがなぜ教師になろうと思ったのか。どんな想いで生徒指導にあたっているのか。何に苦しんだのか。どんなことに喜びを感じるのか。あなたという人が、教師である前に一人の人間としてどれだけ魅力的なのかを、物語を通じて伝えることで、聞き手の心に届けます。物語は、自然と人を話に引き込み、興味をもたせ、記憶に留める力があります。

先生の話だから聞く、というのは当然のようでいて当然ではありません。教師という職業ではなく、本当の意味で『先生』かどうかを決めるのは、子どもであり保護者なのです。人間関係が構築できていない状態でどれだけ素晴らしい話をしても、指導をしても、聞き手の心には届きません。そして、この人間関係を構築するためにとても効果的なのが、物語を語ることなのです。

情緒的なコミュニケーションによる、保護者と教師の関係性の構築。これこそが、保護者会本来の目的なのではないかと私は考えています。伝えるだけではなく、保護者と会話するという意識をもった会の運営が重要であることも、最後に付け加えておきます。

4　保護者からのクレーム対応に活かせるスキル

(1)誠実な印象と素早さが、初動対応のカギ

保護者からくるクレームへの対応は、教師としてできる限り避けたいイベントのひとつです。しかし、大切な我が子のこととなれば、普段は気にならないようなことが気になってしまい、クレームに発展することもあります。ここからは、クレーム対応に活かせるスキルについてお伝えしていこうと思います。

クレームの発生には、必ず原因があります。原因があり、その結果がクレームという表現になっているのです。こう考えると、クレームの対応には３つのステップが必要なことが見えてきます。①初動対応、②課題の特定、③解決策の提示、です。まずは①初動対応、からみていきましょう。

大きなクレームに発展させないコツ

大小問わず考えれば、世界には数多くの不満が存在します。顧客からのクレームは、初動対応をミスすると、大きな問題に発展することがあります。必要以上にクレームを恐れる必要はありませんが、その対応方法については事前に知っておくことが大切です。

初動対応で特に重要となるのは、誠実な印象と対応速度です。学校に対してクレームを入れた保護者は、何かしらの不満を抱えています。不満を抱えて電話したにもかかわらず、冷たく対応されたり、連絡先をたらい回しにされたりしたらどう思うでしょうか?受け入れてもらえない、と感じて怒りがさらに大きく膨れ上がるのも当然でしょう。

初動対応のスタンスとして、

・申し訳なさそうな、声

・共感している、表情

といった、非言語情報がとても大切になります。

申し訳なさそうな声を出すから、許そうかなと思うのです。共感のリアクションを取るから安心するのです。**わかりやすく表現しなければ、相手には伝わりません。**このことは、しっかり覚えておいてください。

このとき、間違っても、「私は悪くありません。なぜならば…」というように、**自らの主張を振りかざし、言い訳してはいけません。**「でも」「しかし」といった反論や言い訳は、保護者の印象をさらに悪くしてしまいます。あなたにはあなたの論理があるように、相手にも相手の論理があります。これを知ろうともせずに、頭ごなしに否定されてしまっては、誰であってもいい気はしないでしょう。**初動対応では、何よりもまず誠実な印象を伝えることに集中してください。**

「面倒くさいなぁ」などとは決して思わず、わざわざ改善点を指摘していただけたという感謝の心をもって接してください。**感情は表情に出ます。面倒だという気持ちを表情に出してしまえば、さらなるクレームにつながることも必然です。**クレームを受けたら、わかりやすいリアクションで共感や謝罪の感情を表現し、こちらの意思をはっきりと示してください。そして、相手の意見を受け入れる気持ちがあることを伝えることで、クレームのさらなる拡大を防ぐことができます。

また、クレームへの対応速度もとても重要です。クレームを出した方が感じている不満への回答は、可能な限り早く行う必要があります。**クレームは、未解決の時間経過とともに怒りが増幅する習性があります。**今日受けたクレームは可能な限り今日中に解決させるのが好ましいです。遅くとも、翌日中の解決ができるように取り組んでください。

もしも回答可能な時期が即答できない場合でも、「すぐに確認します」といった約束はしないように注意しましょう。「すぐに」という時間感覚は、人によって全く異なります。5分の人もいれば、2日の人もいるでしょう。こういった認識のズレが発生する約束はせずに、例えば「確認いたしまして、本日中に一度お電話にて進捗のご連絡をさせていただきます」というように、具体的に伝えましょう。

電話で必要以上に相手を待たせてしまうのも、状況を悪化させる原因となります。**少しでも待たせてしまったのであれば、「大変お待たせいたしました」と一言添えることを心がけましょう。**

クレーム発生時の不適切な初動対応は、元々のクレームとは別の『二次クレーム』を生み出す原因となります。まずは素早く対応し、誠実な印象を与えることが大切です。

(2)相手の怒りの原因をすべて引き出し、共感する

クレームが発生すると、すぐに謝罪をし、すぐに対応しなければならないという気持ちが先走りますが、少し待ってください。**そもそも、何に対して、なぜ怒りを感じているのかを正しく把握しなければ、適切な対応が行えません。**

クレームに対するスタンス

「クレームを出す人は、おかしい」という偏った考え方をしてはいけません。何の理由もなく怒る人などいないからです。怒りの根本をしっかり確認し、相手の論理を明確にしていきましょう。**相手の論理を明確にすることができれば、ひとつの考え方としてその意見に共感することはできます。**たとえ間違った論理であり、特別な対応を行うことができ

ないとしても、「面倒くさいなぁ」と思いながら対応するのと、「確かに、そういう考え方もあるなぁ」と思いながら対応するのとでは、相手が受ける印象も変わるでしょう。少なくとも、相手の論理に対して共感することは可能です。ここからは、その具体的な方法について考えていこうと思います。

何に対して怒っているのか

まず、怒りの対象を確認することが必要不可欠です。詳細を確認することなく相手の要望だけを聞いても、根本解決にはなりません。ですから、正確な状況把握から始めます。

注意点その1。ストレートに「何に対して怒っていますか？」と聞くことだけは絶対に避けてください。まずは、時間をかけてしっかりと相手の意見を聴くことから始めます。このとき、**決してこちらの意見は口にせずに、相手の心の内をすべて引き出します。**何に対して怒っているのか？という怒りの正体について、相手が口にする言葉を通じてはっきりさせましょう。

注意点その2。このとき、**相手の話をしっかりと聴いているという、共感のリアクショ**

ンを忘れないようにしましょう。言葉で何を発するかだけではなく、深く頷く動作や、表情も大切なコミュニケーションとなります。話の聴き方が悪いと、二次クレームにつながる恐れがあります。改めて言うまでもありませんが、「うんうんうん」、「へー」といった、友人の話を聞いているときのようなリアクションは非常に危険です。このような相槌が癖になっている方は、十分に注意してください。

怒りの箇所が特定できない場合

しかし、どれだけ話を聞いても、相手の怒りの対象や理由がはっきりしない場合があります。話を聴くことで納得いただけたのであれば構いませんが、学校に対して何らかの対応を期待している場合には、正しく問題箇所を特定する必要があります。このような時は、こちらから質問を投げかけながら状況を明らかにしなければなりません。

質問する際には、「なぜ？」という疑問文で質問をしてはいけません。回答する相手に対して負荷が大きい質問方法のため、「なぜ怒っているのですか？」という質問は、相手の怒りをさらに大きなものにするでしょう。具体的な質問方法としては、５Ｗのうち、

Why 以外の When, Where, Who, What を活用して質問をします。

こちらから質問をさせていただく際には、次のフレーズを伝えてから質問を開始しましょう。

「この度は、ご迷惑をおかけいたしまして、誠に申し訳ございません。認識の齟齬がないように、一度状況を整理させていただきたいのですが、よろしいでしょうか？ありがとうございます」

このフレーズの後で、When, Where, Who, What を用いて状況をはっきりさせます。いつ発生したのか？ どこで発生したのか？ 誰が関わっているのか？ 何が起こったのか？ どの部分が問題だと感じているのか？ これらの確認を行い、相手が怒っている対象を正しく理解できるように、確認を行います。一度伝えたことをもう一度話すことほど、面倒な行動はありません。別の人に状況を共有する際に不足情報が発生しないように、クレームを対応した人が責任をもって、正確な状況把握を完了させてください。

(3)対応と対策は分けて考える

クレームの原因を突き止めたら、何らかの行動によって解決策を提示する必要があります。ここからは、クレームを受けた後の行動について、考えていきたいと思います。

常識の範囲内で、最大限の対応

例えば、「うちの子が、他のお子さんと比較して、先生から話しかけられてもらえないと言っています。毎日話しかけてもらえますか？」と言われたとします。このとき、

①毎日話しかける
②話しかけない

の2つの選択肢しかないと、「わかりました。毎日話しかけます」と答えてしまうでしょ

う。しかし、現実問題として、必ず毎日話しかけ続けるというのは難しいです。できない約束をしてしまえば、さらなるクレームにつながりかねません。

白か黒かの二択ではなく、間のグレーという選択肢も用意できるようにしましょう。


「そのような思いをさせてしまって、大変申し訳ございません。（そして、）毎日という回数でのお約束となると、状況によっては約束を破ってしまうことになりかねません。ご本人と一度お話しさせていただいたうえで、寂しい想いをさせないように、何ができるかを考えて精一杯取り組ませていただきます」


この回答の内容について詳しく見ていきます。

冒頭で、子どもを差別しているというクレームに謝るのではなく、『そう感じさせてしまったこと』に対して謝っています。**明らかな非がこちらにないのであれば、大げさに謝りすぎないことは重要**です。

次に、「でも」「しかし」といった接続詞がない点もポイントです。本来であれば、文法的には逆接の接続詞が必要な箇所がありますが、**わざと接続詞は省いて話します。もしく**

は『そして』という添加の接続詞を使用します。こうすることで、伝わる内容を変えることなく、相手に対する否定的な表現をおさえることができます。

最後は、できる範囲で最大限の約束を取り付けています。当然のことですが、約束が守られなければクレームとなります。**できない約束は初めからしない、という点についてはしっかりと頭に入れておきましょう。**

対応して終わりではない

クレームを収めて満足していては二流です。**本来、事前にクレームが出ないように対策ができてこそ、一流と言えます。**そのためにも、いただいたクレームについては、発生した事象と対応をすべての教師に共有し、今後の対策について一緒に話し合うのが好ましいです。

対策のポイントは、『クレームが発生している背景の把握』にあります。今回の「話しかけてほしい」という相談が、なぜ起こったのか?という背景を考えるということです。

仮に、『先生に相談したいことがあるのに相談する機会がない。だから、話しかけてほしいと感じた』という背景があるのであれば、話しかけることではなく、気軽に相談ができる仕組みをつくることの方が重要でしょう。

例えば、提出している日記の一番右側に、『相談事』という欄を設けて、そこに丸がついていたら教師が話しかける、といった仕組みにすれば、子どもは気軽に教師にアラートをあげることができます。

クレーム対応スキルが高いことを誇るのではなく、クレームが発生しないことを誇れるように、対応と対策はきっちりと分けて考えていきましょう。

そして、すべての教師が安心して指導にあたることができる環境を整えていきましょう。

対応	対策
・朝と帰りに、挨拶をする ・本人と面談する時間をつくる ・話した内容を，保護者に伝達する	・毎月子ども１人につき１回、一対一で話す機会をつくる ・連絡帳や日記を通じたコミュニケーションを行う ・周りの子どもに知られずに、教師に相談できる仕組みをつくる

第2章　まとめ

▼教師は、五者（医者、学者、易者、芸者、役者）であれ

▼相手が質問に答えない時には、答えやすい質問から始めよう

▼保護者面談では、今後も続けたいこと（Keep）、課題（Problem）、挑戦したいこと（Try）の3つの視点で話をしよう

▼大人数に向けて話すのが苦手な人は、もっとたくさん練習しよう

▼自分が話したいことではなく、相手が聞きたい話を想像しよう

▼聞き手に対するサプライズを、必ず用意しよう

▼自己紹介では、あなたにしか語れない物語を語ろう

▼クレームがあった場合は、対応と対策を分けて考えよう

Column
職員室での会話でも、プレゼンスキルを使ってみよう

プレゼンと聞くと、商談や大勢の人を前にした発表の場を想像する方が多いのではないでしょうか。しかし、プレゼンの機会は意外にも私たちの身近にたくさんあります。

私の考えるプレゼンの定義は、次のものです。

自分の意見（想い）を相手に伝え、相手の感情を動かし、行動してもらう

こう考えると、家庭、職場、友人との会話など、あらゆる場面でプレゼンの機会はあります。今回は、職員室の会話の中での、プレゼンスキル活用法ついて考えていきましょう。

相手の心を動かす力

プレゼンの定義のところで、『自分の意見（想い）を相手に伝え』と書いたように、プレゼンという言葉には、一方的に自分の話を伝えるというイメージがあるかもしれません。しかし実際は、他人の話に興味をもてる人はそれほど多くありません。『私には関係がない』というスタンスで、きちんと話を聞いてくれない人もいるでしょう。

そこで、**プレゼンの際には必ず、『あなたに関係がある、大切な話ですよ』と伝える必要があります。**では、どのような伝え方をすればいいのでしょう。

例えば、あなたが担当する学校新聞をリニューアルするプロジェクトに、同僚のAさんにも協力してほしい場面を想定しましょう。このとき、あなたであれば、Aさんに対してどのように協力要請をしますか？少し考えて、自分の答えをもってから、進んでください。

シンプルに

「学校新聞づくりを手伝ってください」

と伝える方法があります。しかし、これでは、Aさんも暇ではないので、なぜ自分なのだろう、他の人でもいいのではないか、といった疑問をもつことになるかもしれません。

情に訴え、お願いするという方法もあるでしょう。

「いつもお願いばかりですみません。Aさん、助けてください。学校新聞づくり、手伝ってもらえませんか？」

相手との関係性によりますが、よほど仲の良い相手でない限り、有効な依頼の仕方にはならないかもしれません。

私であれば、プレゼンスキルを活用して、Aさんに対して次のように意義付けをした伝え方をします。

「先日、Aさんと、お昼の時間に保護者と学校のコミュニケーションの在り方についてお話をしましたね。その後、私にも何かできないかと考えました。そんな中今回、学校新聞をリニューアルするという役割を担当することになったので、是非Aさんの力を借りたいと思って相談させてもらいました。普段から学校の在り方について深く考えているAさんと一緒に、みんなに喜ばれる学校新聞をつくりたいです。協力いただけませんか？」

この伝え方には、3つのポイントがあります。

①自ら主体的に取り組む意思がある

「大変だから助けてほしい」という依頼の仕方で心が動く人はいません。誘った側もやる気がないのに、わざわざ助けようという人などいるはずがありません。これはプレゼンでいうところの、『エネルギーの伝播』にあたります。**プレゼンでは、話し手が最も大きなエネルギーをもち、そのエネルギーを聞き手に伝播させることで心を動かすことができるのです。**あなた自身がやる気に満ち溢れているスタンスで伝えなければなりません。

②依頼している理由が明確である

なぜAさんにお願いしているのか？という理由を伝えている点も重要です。**「誰でもいいけれど、頼みやすいのがAさんだから声をかけました」という程度の理由であれば、到底助けようとは思わないでしょう。**相手の心を動かすためには、相手が納得できる論理が必要となります。プレゼンでいうところの、『主張に対する根拠の提示』にあたります。**あなたでなければならない、あなたにお願いしたい、ということを論理的に伝えることができるかどうかが重要です。**

③相手を巻き込む伝え方をしている

「○○してください」という伝え方は、相手を動かすメッセージとしては弱いです。「一緒に○○しましょう」と伝えることで、共通の目的に向かう仲間に対する強いメッセージにすることができます。**主語をyouではなく、Weにすると意識すれば、イメージがわきやすいかもしれません。**周りの人を巻き込む伝え方は、様々な場面であなたの役に立ってくれると思います。

第3章

教師のための
プレゼンスキル

プリント・
資料づくり編

第3章　教師のためのプレゼンスキル　プリント・資料づくり編

1　資料をつくること自体は、目的ではない

先生方は、学校だより、学年だより、学級通信、イベント実施報告など、たくさんのプリントや資料をつくる機会があります。せっかく時間をかけてつくるのですから、読む方に喜んでいただける資料をつくりたいものです。この章では、より良い資料をつくるための必須スキルについてお伝えしていきます。

何のための資料なのか

唐突ですが、ひとつ質問です。
『資料は、何のためにつくっていますか？』

いかがでしょうか？

『受け手に必要な情報を提供するため』と考えた人は、正解です。**当たり前の話だと感じるかもしれませんが、ここには資料作成において最も重要な本質が隠れています。**

頭ではわかっていても、資料をつくり始めると

・(私が）保護者に伝えなければならないこと
・(私が）保護者に知っておいてほしいこと
・(私が）余白を埋めるために、だらだらと長い文章を羅列する
・(私が）余白を埋めるために謎のイラストを貼り付ける

等、**どうしても書き手の意思で、書き手が伝えたい情報を記載してしまう傾向にあります。**言葉を選ばずして言うのであれば、資料をつくること自体が目的となり、つくることがゴールになっているのです。

しかし本来は、**『相手が欲している情報をわかりやすく提供する』ことこそが、資料作成の価値の9割を決めるといっても過言ではないのです。**

忙しい保護者が、本当に知りたい情報を、短時間で容易に取得できる資料

このような資料を目指します。

そのためにまずお伝えしたいのは、**資料の目的を明確にするということです。**もしも明確な目的のない資料であれば、そもそも作成する意味がありませんし、ひとつの資料に複数の目的があれば、何が大切なのかわからなくなります。

毎月多くのプリントが配付されるご家庭では、どのようにプリントを管理しているか、ご存じでしょうか？

私の知る限りでは、冷蔵庫に貼っておく、ファイルにとじておくといった管理が多いですが、**複数の情報が様々な箇所に点在しているため、必要な情報がどのプリントにあるのかを把握することが極めて困難だという声を、よく耳にします。**これは、ひとつの資料に対して複数の目的が存在し、情報量が多くなりすぎていることに起因します。

また、自分の知りたい情報が含まれていない資料は、一度目を通してそのまま古紙回収に出すというご家庭も少なくありません。これでは、せっかく時間をかけてつくったにも

かかわらず、意味のない配付物となってしまいます。**いずれの資料も、受け手のことを考えていない、目的が明確ではないという共通の問題があります。**

仮に行事予定を伝える目的であれば、今月と来月の行事に関連する情報のみを詳細に説明する資料を作成すれば、保護者にとってわかりやすい資料となります。合わせてホームページにもＰＤＦデータを格納すれば、アクセスの利便性は高まるでしょう。

クラスの雰囲気や学校生活の様子を伝える目的であれば、子どもたちの写真や教師のコメントを合わせて普段保護者が知ることのできない情報を提供すれば喜ばれるでしょう。保護者が知りたいのは事務的な連絡ではなく、むしろ普段見えない我が子の姿かもしれません。このように、受け手の視点で考えて、ひとつの資料の目的や在り方を決めましょう。

これまでも毎月発行しているから、今月も資料をつくるのではありません。資料という手段によって、目的を達成できるから資料をつくるのです。

2　資料作成で、最初に使うのはPCではない

資料という手段を通じて、どのような目的を果たしたいのかについて考えることの重要性は、前の項で触れました。それでは早速資料作成に入ります。さて、皆さんは資料作成を始めるとしたらまず何から取り組みますか？

『PCを開く』という答えが非常に多いですが、実はこれでは読み手にとってわかりやすい資料は作成できません。ここからは、資料作成を開始したら最初に何をすればいいのかについてお伝えしていきます。

資料作成がなかなか進まない最大の理由

早速資料に取り掛かろうと意気込んでPCを開き、PowerPointやExcel、Wordを活用

して資料作成に取り掛かると、よくこんなことが起こります。

・何をつくればいいのかわからなくなり、途中で手が止まり、非常に時間がかかる
・前の資料をコピーして同じようにつくるため、毎回同じような内容になる
・せっかくつくった内容が、途中で必要ないことに気づき削除することになる

いかがでしょうか。

あなたも身に覚えがあるのではないでしょうか？

資料作成がなかなか進まない最大の理由。それは、**完成イメージが湧いていない状態でつくり始めてしまっていることにあります。**

例えば、「運動会の絵をかいてください」と言われたとします。このとき、いきなり絵の具を筆につけて色を付け始めるでしょうか？その前に、鉛筆で絵をかく必要があります。では、いきなり鉛筆で絵をかき始めるでしょうか？その前に、完成イメージをもってからかき始めるでしょう。

何も考えずに鉛筆を走らせれば、途中で考えが変わったり、必要以上に周りに絵を加えすぎて消したり、手戻りが多くなるはずです。資料作成も、全く同じです。

まず用意するのは、ペンとポストイット

では、資料作成にあたって、最初に何をすればいいのかについてお伝えします。ペンと、ポストイットを用意してください。PCを開く以前に、資料作成に必要な材料集めから始めます。1枚のプリントをつくる場合でも、複数枚のスライドをつくる場合でも、基本は同じです。

①まず、ポストイット1枚にひとつずつ、資料で伝えたいことを書いていきます。あまり深く考え込まず、今伝えたいことを書きだしていきましょう。

②その中で、資料として作成する必要があるものだけ選びます。複数枚のスライドであれば数は多くても構いませんが、1枚のプリントであれば2項目程度にしておきましょう。情報量が多くなりすぎると、受け手の負担が大きくなります。

③『②』で選んだ項目は、受け手が聞きたいと思うことなのか考えます。こちらが一方的に伝えたいことではなく、相手が知りたい情報なのかを確認します。

このように、**情報を一度すべて棚卸ししてみて、必要な情報とそうでない情報を分類します。**配付する資料に盛り込む必要がないものについては、他の方法での情報伝達を検討します。

必要な情報全体が見えている状態で、敢えて資料に書いていないのと、うっかり書き忘れているのとでは、似ているようで全く違います。

もし伝えたい情報が多い場合には、別のプリントに分けて発行することも検討しましょう。「今週のクラスのニュース」と、「いいところみつけた」がテーマのプリントに「連絡やお願い」「来週の予定」を強引に入れて、資料全体のメッセージが読み取りにくくなってはいけません。

3　ノイズカットがわかりやすさのカギ

資料を見ていて、なかなか情報が頭に入ってこないこと、ありませんか？

大切なことが書いてあるはずなのに、何が言いたいのかよくわからない。もしそれが、『以下の文章を読んで、筆者が言いたかったことを30文字以内で要約しなさい』という国語の課題文であれば構いませんが、限られたスペースの中で必要な情報を端的に伝えるという資料の役割を考えると、それではいけません。

どうすれば受け手に負荷をかけることなく情報を読み取れる資料が作成できるのかについて、ここからお伝えしていきます。

資料と手紙の違い

下の資料をご覧ください。こちらは長期休暇明けの持ち物に関する連絡を記載した部分です。確かに必要なものが丁寧に記載されていますが、この連絡の目的は忘れ物をなくすことです。この目的に沿って考えると、受け手としては文章をすべて読まなければならないため、負担が発生します。

ポイントは、『手紙のようにすべてのセリフを記載しないこと』にあります。本来の目的以外の情報を極力減らすことで、圧倒的に資料の内容が頭に入りやすくなります。

このように、不要な情報を削って本当に大切な情報を残す作業を『ノイズカット』といいます。

【持ち物の連絡】

長期休暇明けですので、忘れ物が無いように持ち物を記載しておきます。

初回登校日（●月●日）は、ランドセル、連絡帳、連絡袋、健康観察カード、筆記用具、コンパス、下敷き、国語の教科書、算数の教科書、理科の教科書、上履き、上履き袋、防災頭巾、ランチョンマット、マスク、なわとび、をもたせてください。

初日だけで全てをもってくるのは荷物が多すぎるため、2日目の登校日（●月▲日）に、お道具箱、はさみ、のり、色鉛筆、セロハンテープ、自由帳、をもたせてください。

また、これとは別にぞうきんを2枚もたせてください。クラス共用で使用しますので、名前は書かないようにお願いします。

下の資料が、前のページの資料をノイズカットしたものです。見比べてみると、必要な情報がわかりやすくなっていることに気付けるかと思います。

手紙であれば話し言葉すべてを記載することも効果的ですが、じっくり読み込ませるのではなく短時間で確実に必要な情報を届けることが目的の資料であれば、ノイズカットを意識するのが良いでしょう。

きちんと伝わる資料をつくる

資料は、目的を明確にし、その目的を達成するために存在します。必要なことは書

【登校日の持ち物】

初日（●月●日）

□連絡帳
□連絡袋
□健康観察カード
□筆記用具（コンパス、下敷き）
□教科書（国語、算数、理科）
□上履き
□上履き袋
□防災頭巾
□ランチョンマット
□マスク
□なわとび

2日目（●月▲日）

□はさみ
□のり
□色鉛筆
□セロハンテープ
□自由帳
※お道具箱に入れてください

□ぞうきん2枚（名前は書かない）

面に書いたのだから大丈夫、ということではありません。

プレゼン指導の際に、『言う』と『伝える』の違いについて指導することがあります。教師として教壇に立っていて、「子どもたちが、何度言ってもわかってくれない」という想いをもつことがあるでしょう。それは、伝わっていないことが原因です。何度言ったとしても、相手に正しく意図が伝わっていなければ、外国語で一生懸命話しかけていることと同じです。これは受け手の問題ではなく、すべて伝え手の問題です。

資料作成も、この『伝える』という行為について徹底的に考え抜きましょう。

どうすれば伝わるのか?

その答えの1つがノイズカットです。

4　読みやすい資料はフォーカスがうまい

資料作成にはノイズカットが重要であることはお伝えしましたが、実はもうひとつ重要なテクニックがあります。それが、フォーカスです。フォーカスとは、焦点、ピントといった意味があります。**読み手の視線を集中させるための強調表現がフォーカス**であると考えてください。前述のノイズカットと、これからお伝えするフォーカスは2つでひとつ。合わせて身につけていただきたい技術です。

それでは早速お伝えしていきましょう。

情報であふれた現代の、情報収集

10年前と比較して、ネット社会の成熟に伴い私たちが日々接する情報は圧倒的に増加しています。情報の波の中で、相手に必要な情報を届けるためには、効果的な強調表現が必要不可欠となります。これは、資料作成においても同じことです。

しかし、**なんでもいいから目立たせればいいというわけではありません。**

下の図をご覧ください。これは、大切な部分を強調しようと強調表現を加えた資料です。大切な箇所を強調したい気持ちは伝わってきますが、**過剰な強調表現はノイズとなってしまいます。**

派手な色をたくさん使用したり、強調のためにすべての文字を太字にしたり、むやみにアンダーラインを引いたりしている資

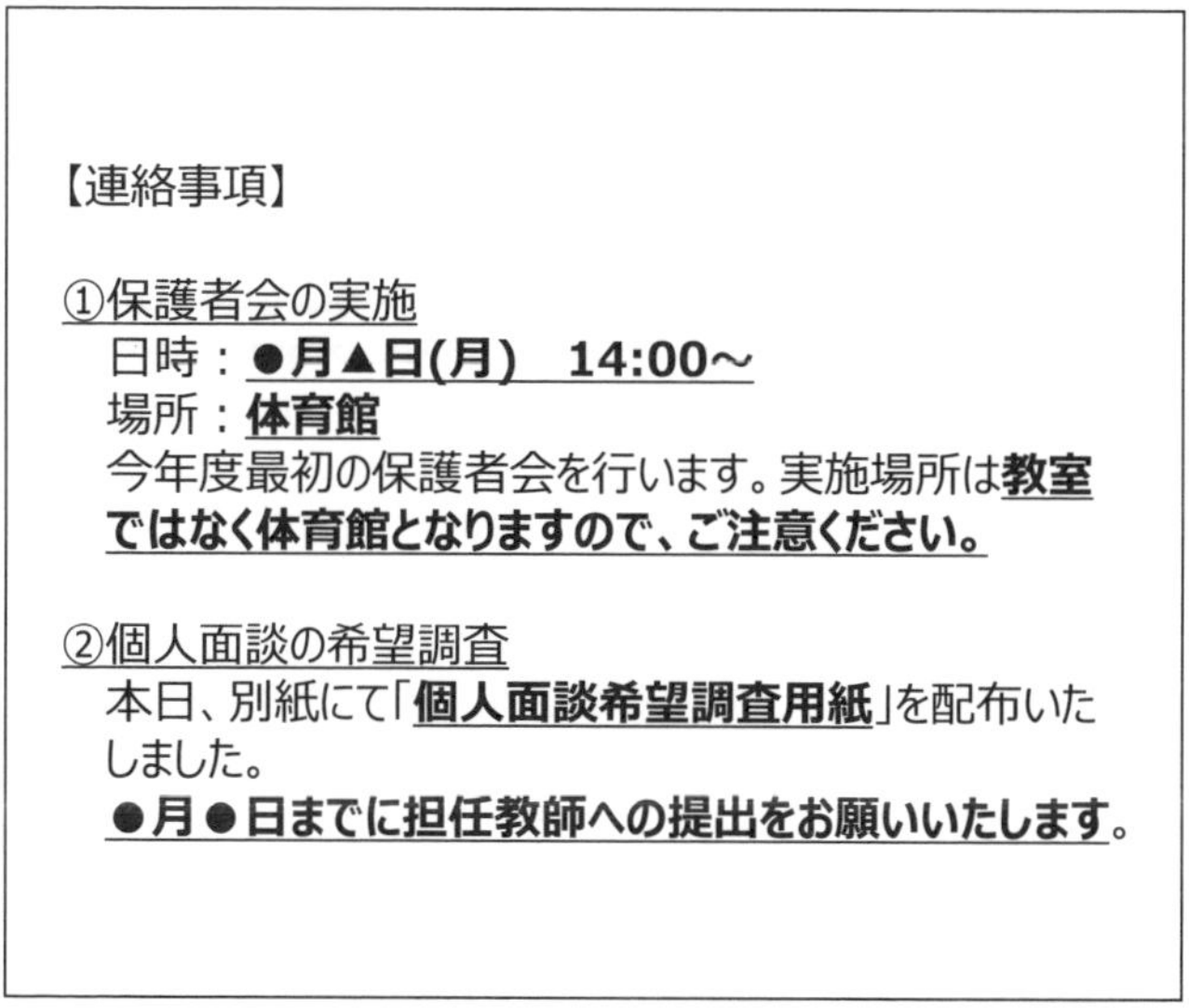
【連絡事項】

①保護者会の実施
日時：**●月▲日(月)　14:00～**
場所：**体育館**
今年度最初の保護者会を行います。実施場所は**教室ではなく体育館となりますので、ご注意ください。**

②個人面談の希望調査
本日、別紙にて「**個人面談希望調査用紙**」を配布いたしました。
●月●日までに担任教師への提出をお願いいたします。

料を目にする機会がありますが、一体何が重要なのかよくわからなくなってしまいます。完全に逆効果です。**強調表現は、多用すればするほど、その効果が減少していく**ということを覚えておいてください。

先ほどの資料を私なりにフォーカスした資料が、下の図となります。鋭い方はお気付きだと思いますが、フォーカスと同時にノイズカットを行っています。不要な情報を削除することで、重要な情報がフォーカスされ、読み取りやすくなります。

各項目で最も重要なポイントは、※印を使って記載しました。その後ろに詳細情報を加

【連絡事項】

①保護者会の実施
※実施場所は教室ではなく体育館となります

日時：●月▲日(月)　14:00～
場所：体育館

②個人面談の希望調査
※●月●日までに担任教師へご提出ください

本日、別紙にて「個人面談希望調査用紙」を配布いたしました。

えています。こうすることで、**時間がない方でもパッと見て重要な情報だけを頭に入れることが可能となります。**

伝わる資料をつくるというと、何か特別な能力が必要だと思いがちですが、本質はとてもシンプルです。

①ノイズカット
②フォーカス

この２つを上手く組み合わせて、受け手に負荷をかけることなく必要な情報を提供すること。これこそが、資料作成の肝となります。

そして、何度も繰り返しになりますが、**必要な情報がどのように決まるのかといえば、資料の目的と、それに対する受け手の興味です。**資料があなたの代わりにプレゼンをしてくれることになるのですから、受け手のことを考え抜いたプレゼントを渡すつもりで作成しましょう。

5　受け手に負荷をかけない図の活用

資料作成における重要なスキルに、図式化する能力があります。文章で説明するとわかりにくいものであっても、図を使うと簡単に受け手の理解を促すことができるのです。ここでいう図には、写真や表、グラフも含むと考えてください。

例えば、クラスの楽しそうな雰囲気を言葉で記載するには限界がありますが、みんなが笑顔で元気に授業を受けている写真を貼り付けるだけで、視覚的に情報を伝えることが可能となります。どのような図を用いるのかを考えることは、より良く伝えることに直結するのです。

一方で、用いる図を誤ると、余計にわかりにくくなるケースがあります。今回は実際の誤った表と、改善した表を比較しながら、その違いを実感してみてください。

ややこしい表は、受け手のノイズになる

下の表は、分散登校の日程を示した表です。実際に小学校で配付されたプリントを基に作成したものとなります。普段から仕事で資料を作成している保護者が見ると、あいた口がふさがらないほどツッコみどころが多い表となっています。

まず、３つのクラスをわざわざ3つのグループに置き換えた意味がありません。そのままクラスを表示してもらう方がはるかにわかりやすいです。もし仮に、複数のクラスをまとめてグループとして表示したい場合には置き換える価値がありますが、この場合の置き換えは全く無意味です。続いて、タイトルと

【グループ分け】

	グループA	グループB	グループC
6年	1組	2組	3組

【分散登校の日程】

日	月	火	水	木	金	土
4/5	6 始業式	7 Aグループ	8 Bグループ	9 Cグループ	10 Aグループ	11
12	13 Bグループ	14 Cグループ	15 Aグループ	16 Bグループ	17 Cグループ	18
19	20 Aグループ	21 Bグループ	22 Cグループ	23 Aグループ	24 Bグループ	25
26	27 Cグループ	28 Aグループ	29 昭和の日	30 Bグループ	5/1 Cグループ	2

表のフォントが異なることが非常に気になります。タイトルのフォントはMeiryoなのに、表のフォントは明朝という、なんとも奇妙な表ですが、これに気づかずにそのままプリントを発行してしまう方は非常に多いです（我が家は実際に、これが手元にきました）。

そして、とどめはカレンダーの圧倒的な見にくさです。登校に関係のない日曜と土曜があり、なぜかそこだけスペースが狭いことも個人的にはとても気にはなりますが、何より**自分の子どもがいつ学校に行けばいいのかが瞬時に判断できません。**

恐らくこれを受け取った保護者は、子どもが1組であればAグループの日付に蛍光ラインマーカーで色を付けて管理することになるでしょう。無駄すぎて、震えます。

ノイズカットの部分でお伝えした通り、不要な情報は記載しなくて結構です。さらに、**フォーカスでお伝えした通り、『ここさえ見れば重要な点は簡単に理解できる』という親切さがなければ表の価値がありません。**

表を使う際には、瞬時に判断できるかどうか、わかりやすいかどうかを徹底的に考え抜いてください。**わかりやすい図表の使い方には一定のルールがありますので、良い表現方法については学校内で情報を共有しあうことで資料作成スキルを高めることができます。**

それでは、私がこのプリントをつくり替えたものを次のページに示しておきます。

先ほど私がツッコんだポイントを、全て改善しています。もう一度、先ほどのページに戻って、下の表と見比べてみてください。いかがでしょうか。もし、あなたが2組の保護者であれば、何日に登校すればいいのかが一目でわかると思いませんか?これが、『受け手のことを考えた資料』です。

わざわざ時間をかけて表にしたのに、むしろ表にしない方がわかりやすかった、などという悲しい事態に陥らないように練習してみてください。**ポイントは、『いきなりパソコンでつくる前に、ノートに手書きで図表イメージを作成すること』にあります。**これまで配布したプリントの図表を、練習のために見直して図案を考えてみましょう。

【6年生：分散登校の日程】

6年1組	6年2組	6年3組
4/7（火）	4/8（水）	4/9（木）
4/10（金）	4/13（月）	4/14（火）
4/15（水）	4/16（木）	4/17（金）
4/20（月）	4/21（火）	4/22（水）
4/23（木）	4/24（金）	4/27（月）
4/28（火）	4/30（木）	5/1（金）

※ご自分のクラスの縦の列に記載された日が、分散登校日となります

第3章　まとめ

▼「その資料を何のためにつくるのか？」目的を明確にしよう
▼資料作成は、完成イメージをもってから始めよう
▼資料の中の不要な情報は、極限まで削除しよう
▼一番伝えたいメッセージが何なのか、ハッキリさせよう
▼文章で書いているものを、図や表で表せないか考えてみよう

この本を手に取ってくださったすべての先生へ

この度本書をお手に取っていただき、最後までお付き合いいただけましたことに心より感謝いたします。本当にありがとうございました。

今回の書籍では、私の塾教師時代の経験や、その後の研修講師としてのキャリアにおける経験を基に、プレゼンテーション（伝え方）という切り口で先生方向けの書籍を書かせていただきました。学校での指導は教育実習でしか経験していないにもかかわらず、現場の最前線で子どもたちの指導にあたっている先生方にプレゼンを解説するという難しいチャレンジとなりました。今の私にできる精一杯のメッセージを込めた書籍です。文中の表現で不快に感じる点もあったかと思いますが、敢えてストレートに表現しましたので、どうかお許しください。

日々子どもたちの指導にあたる教師という仕事は、時として大変という言葉では言い表せないほどの重圧がかかります。言うことを聞いてくれない子、教師がどう接しても心を開かない子、教師を見下してくる子、挑発的な子、本当に子どもたちの個性は様々です。

教師も人間ですから、正直なところ、「月曜日に学校に行きたくない」と感じる日もあります。「教師という職業は、自分に向いていないのかもしれない」と、心が折れそうになる日もあります。やけ酒を飲む以外、解決策がない夜もあるでしょう。それでも次の日には、満面の笑顔で教壇に立つ。これが、教師としてのプライドです。子どもをもつひとりの父親として、本当に、感謝の想いしかありません。いつもありがとうございます。

本書の中で私からお伝えさせていただいた様々なテクニックは、あくまでもひとつの方法論に過ぎませんが、皆さんの中で何か1つでも気付きや学びがあったとしたら、著者としてこれに勝る幸せはありません。やってみようかな、できそうかな、と思うものから実際に取り組んでみて下さい。そして是非、本書についての皆さんの忌憚なきご感想をメールでお聞かせいただけましたら幸いです。

皆さんが悩み、考えながら子どもたちに接した時間は、必ず、子どもたちの成長の糧となります。教師が発する言葉、とった行動に、意味のないものなど何ひとつありません。

子どものときに関わった教師とのやりとりは、その後の子どもたちの成長に大きな影響を与えるのです。

私自身も、学生時代から今日に至るまで多くの先生方にご迷惑をおかけしながら、本当にたくさんの学びや愛をいただき成長させていただきました。そのすべての瞬間が、今の私を構成する必要不可欠な時間でした。ここで、誠に勝手ではございますが私がお世話になった先生方に対する感謝の言葉をお伝えしたいと思います。

青野先生、私を肯定し、受け入れてくれたあなたの優しさで、先生のことも学校のことも大好きになりました。

杉本先生、あなたが授業で歌ってくれた『たんぽぽ』の歌を聞いて、自分らしく花を咲かせようと心に誓いました。

森田先生、突き抜けるようなあなたの笑顔は、どんな辛いことも忘れさせてくれる太陽のような笑顔でした。

柴田先生、音楽を通じて、明るく楽しい時間をいただきました。「心に太陽を、唇に歌を」今も音楽は大好きです。

八木先生、嘘をついてごめんなさい。最後まで信じてくれた先生を裏切ってしまったことが未だに心残りです。あの日、泣きながら本気で叱ってくれた先生を見て、もう二度と裏切らないと心に誓いました。

小塩先生、たくさん叱ってくれてありがとうございました。反抗期真っ只中の私でしたが、粘り強く向き合ってくださった先生の愛情に、心が動かされました。

森川先生、教師として半人前の私を、圧倒的な指導力で導いてくれてありがとうございました。あなたの一挙手一投足を、すべて盗もうと必死で学ばせていただきました。

石田先生、プロ教師として生徒を想う愛情の深さで、あなたの右に出る人はいません。小手先のスキルではなく、感情のど真ん中でひとつひとつの授業に向き合うプロの在り方を教えていただきました。

大谷先生、あなたが語ってくれたスピーチで、自分にしか語れない最高の人生のドラマをつくろうと心に決めました。そして、15歳の私は、将来自らの言葉の力で生徒を導こうと心に決めたのです。その8年後、今度は同じ教師として先生に再会できた喜びは、今も鮮明に覚えています。

たくさんの尊敬すべき先生に支えられた私は、いただいた数多くの学びを、企業や学校関係者の皆様に共有しながら、楽しく過ごしています。私の研修に関わってくださった受講生の皆様、スタッフの皆様、本当にありがとうございます。

また、今回出版企画のご相談をいただきました明治図書出版株式会社の新井皓士様には、最後まで温かいサポートをいただき、安心して執筆に取り組むことができました。ありがとうございました。

そして、いつも自由奔放な私を温かく支えてくれる、愛する家族にもこの場を借りて感謝を伝えたいと思います。ありがとう。

さて、そろそろお別れの時間となりました。教師という仕事は、より良い未来を創るという、誇り高いお仕事です。私も、精一杯応援させていただきます。一緒に、素晴らしい未来を創りましょう。この度は、素敵なご縁をいただきましてありがとうございました。

2021年1月

松永　俊彦

【著者紹介】

松永　俊彦（まつなが　としひこ）

すごいプレゼン™　代表プレゼンコーチ。

1983年4月23日生まれ。大学卒業後，自らが中学生時代に通っていた大手進学塾に入社。入社初年度から生徒支持率95％以上という驚異的な成績を誇り，多くの生徒を地域トップ高校をはじめとする難関校合格へと導いた。学力だけにとどまることなく人間力を成長させる指導は生徒，保護者から絶大な支持を得た。

その後は，教師育成事業，一般企業向け研修，営業指導領域にも活躍の場を広げ，セミナーや研修を通じて世の中に輩出した生徒数は1500名を超える。

著書に，『エモいプレゼン』（すばる舎）がある。

すごいプレゼン：http://sugoi-presen.com/

e-mail : info@sugoi-presen.com

Twitter：https://twitter.com/sugoi_presen @sugoi_presen

教師のためのプレゼンスキル

授業も学級経営も「伝え方」次第ですべてうまくいく

2021年5月初版第1刷刊　©著　者　松　永　俊　彦

発行者　藤　原　光　政

発行所　明治図書出版株式会社

http://www.meijitosho.co.jp

（企画・校正）新井皓士

〒114-0023　東京都北区滝野川7-46-1

振替00160-5-151318　電話03（5907）6701

ご注文窓口　電話03（5907）6668

＊検印省略　組版所　株式会社カシヨ

Printed in Japan　ISBN978-4-18-285810-9